读懂电子发票

雷贯中 著

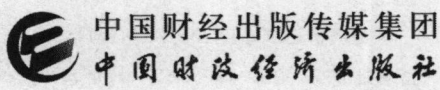

中国财经出版传媒集团
中国财政经济出版社

图书在版编目（CIP）数据

读懂电子发票／雷贯中著．—北京：中国财政经济出版社，2018.6

ISBN 978-7-5095-8298-5

Ⅰ.①读… Ⅱ.①雷… Ⅲ.①发票-基本知识 Ⅳ.①F231.3

中国版本图书馆 CIP 数据核字（2018）第 112100 号

责任编辑：李昊民　　　　　　　责任校对：杨瑞琦
文字编辑：刘孺泾　　　　　　　责任印制：刘春年

中国财政经济出版社出版

URL：http://www.cfeph.cn

E-mail：cfeph@cfeph.cn

（版权所有　翻印必究）

社址：北京市海淀区阜成路甲 28 号　邮政编码：100142
营销中心电话：88190406　北京财经书店电话：64033436　84041336
北京财经印刷厂印刷　各地新华书店经销
880×1230 毫米　32 开　5.25 印张　87 000 字
2018 年 6 月第 1 版　2019 年 4 月北京第 3 次印刷
定价：42.00 元
ISBN 978-7-5095-8298-5
（图书出现印装问题，本社负责调换）
本社质量投诉电话：010-88190744
打击盗版举报热线：010-88191661　　QQ：2242791300

前 言

提笔一瞬，感慨万千。历经近一年时间的点滴积累，总算完成了本书的写作。至今我仍清楚记得，在 2013 年刚刚投入第一张电子发票的筹备和启动时，那份炙热的工作热情。在经过了 5 年的磨砺后，我想这份热情也从未改变。在这 5 年里，我亲历了中国电子发票一路走来的每个足迹，从襁褓中的初试啼声，到试点阶段的蹒跚前行，再到全面推广的蓬勃发展；在这 5 年里，我全身心地投入电子发票的推广中，与上百个纳税人进行了面对面的交流，倾听了他们的所思所想；在这 5 年里，我通过电子发票收获了爱情，步入了婚姻，迈入了人生中崭新的阶段。我想，也许只有通过这本书的写作，才是告慰这段已逝岁月的最好方式。

曾经有人劝我，说："你一个市场推广人员，既影响不了行业的发展，也解决不了任何实际问题，写什么书？干好自己的事情，不要操闲心！"诚然，作为电子发票服务行业的普通一兵，庙堂之高的政策文件轮不到我写，理论性颇强的研究文献也非我所长。但作为中国电子发票一路走来的亲历者和观察者，我所能记录和书写的，是当前电子发票推广和使用的实际情况，是多年奔波于市场一线的切身感受，是广大纳税人对于电子发票最为直接和真实的反馈。我想，如果能把这些内容实事求是地展现出来，供政策制定者予以参考，给广大纳税人予以借鉴，也未尝不是一种价值的体现。

在我投身于电子发票相关工作的这几年中，深刻地领悟到一个道理，任何事物的正常发展，都离不开良好的顶层设计与规划。作为国家新时期战略层面部署的重点项目，电子发票在我国的诞生和发展只有短短的几年时间，在具体推行过程中难免会遇到这样或那样的问题，如它的报销入账和使用成本等，都已经逐渐成为困扰其进一步发展的主要因素。对于这些发展中所出现的问题，我们不应寄希望于任何一个单位或者部门就能够独立解决，只有通过整个社会的集思广益、献言献策、共同探索，才能更好地构建起电子发票推广的自身机制和外部环境，真正通过电子发票的使用，实现降低纳税人经营成本、节约社会资源的推行初衷。

在本书的写作过程中，很多朋友给予了支持和鼓励，提供了切实和有益的帮助，我想借此机会，对他们衷心地说一声"感谢"。尤其是《营改增实战：增值税从入门到精通》一书作者徐锋老师的指导，以及我的妻子李瑞雪在生活中对我的包容、体谅和无微不至的照顾。没有他们，本书的写作和出版无法成为现实。

雷贯中

2018 年

目 录

第一章 发票的起源与发展 …………………………… 1
　一、发票的起源 …………………………… 2
　二、晚清时期的发票 …………………………… 3
　三、民国时期的发票 …………………………… 4
　四、新中国的发票 …………………………… 7
　五、小结 …………………………… 15

第二章 基于增值税发票管理新系统的电子发票 ……… 17
　一、增值税的起源 …………………………… 18
　二、增值税简介 …………………………… 19
　三、增值税在我国的发展历程 …………………………… 24
　四、增值税发票管理新系统 …………………………… 27

第三章 我国电子发票的产生和发展 …………………… 36
　一、诞生 …………………………… 37
　二、发展 …………………………… 40
　三、定义和相关概念 …………………………… 46

第四章　电子发票的开具 ·············· 57
　一、电子发票开具模式 ················ 58
　二、电子发票服务平台 ················ 66
　三、案例 ·························· 72

第五章　电子发票的报销 ·············· 80
　一、纸质发票的报销流程 ·············· 81
　二、当前的电子发票报销 ·············· 84
　三、电子形态的报销、入账、归档 ······· 89
　四、案例 ·························· 92
　五、"理想"与"现实"的矛盾 ·········· 94

第六章　当前存在问题和对问题的思考 ···· 97
　一、电子发票的便利性 ················ 98
　二、电子发票的平台建设 ·············· 102
　三、电子发票的成本 ·················· 105
　四、电子发票的办理流程 ·············· 109

第七章　电子发票常见问题解答 ········· 112
　一、什么是电子发票 ·················· 112
　二、电子发票在我国的发展历程 ········ 113
　三、电子发票的适用范围 ·············· 114
　四、如何申请和开具电子发票 ·········· 114

五、如何选择电子发票服务平台 …………… 116
六、如何选择电子发票开具模式？它们各有
　　什么优势、劣势？ …………………………… 116
七、纳税人可以同时申请和使用纸质增值税
　　普通发票和增值税电子普通发票吗 ………… 118
八、纳税人是否要为开具电子发票而支付额外
　　的费用 ………………………………………… 119
九、在开具电子发票之后，如出现销货退回、
　　销售折让、开票有误等情况，应如何处理 … 119
十、开具电子发票之后，需要进行抄、报税吗 … 120
十一、如何将电子发票推送给接收发票的单位
　　　或个人 ……………………………………… 120
十二、如何验证电子发票的真伪 ……………… 120
十三、电子发票能否报销，如何报销 ………… 121
十四、如何打印电子发票 ……………………… 122
十五、如何避免电子发票的重复性报销 ……… 123
十六、报销单位拒绝报销电子发票怎么办 …… 123

附录（相关政策文件） ………………………… 124

附录一　《关于开展增值税发票系统升级版电子
　　　　发票试运行工作有关问题的通知》 ……… 124
附录二　《关于发布增值税发票系统升级版与电子
　　　　发票系统数据接口规范的公告》 ………… 130

附录三 《关于推行通过增值税电子发票系统开具的
　　　　增值税电子普通发票有关问题的公告》 … 132

附录四 《关于进一步做好增值税电子普通发票推行
　　　　工作的指导意见》 …………………… 137

附录五 《关于做好增值税电子普通发票推行所需
　　　　税控设备管理工作的通知》 ………… 140

附录六 《关于收费公路通行费增值税电子普通
　　　　发票开具等有关事项的公告》 ……… 143

附录七 《中华人民共和国财政部国家档案局令
　　　　第 79 号——会计档案管理办法》 ……… 148

参考文献 ………………………………………… 159

第一章 发票的起源与发展

在移动互联网蓬勃发展的今天，连吃个路边摊都可以用手机"扫一扫"来付款。伴随着支付的革命，现金正在逐步淡出人们的视野。但发票这一张薄薄的纸，却仍然充斥在我们生命中的每个角落。小到几元的停车费发票，大以千万为单位的购销发票，它如影随形地伴随着我们的一次次交易，它是如此的司空见惯以至于有时我们竟忽略了它的存在。

相信很多人都有过类似的经历，打开钱包，没找到几张钞票却发现了一堆发票；公务报销日益临近，却迟迟也找不到对应的发票。如果说现金都在从我们身边逐渐消失的话，那么为什么一张张纸质发票至今仍给不少人带来使用上的困扰？同时，我国互联网正在飞速发展。以支付宝为例，在2016年11月11日当天，通过支付宝进行支付的交易总量就超过了10亿笔。对于这些集中、海量式的发票需求，具有开具烦琐，保存麻烦，容易损坏等特点的传统纸质发票已经远远无法跟上时代的脚步。因此，作为中国互联网经济的配套产物,电子发票应运而生。

任何事物都不能脱离时代而单独存在,发票亦然。电子发票是发票在互联网时代下的新形态。在详细介绍它之前,我们先追根溯源,对发票在整个历史长河中的起源和演变过程进行一个简单的回顾。

一、发票的起源

发票不是凭空产生的,它伴随着我国悠久的历史,经历了漫长的演变过程,其本源是数千年来人们在商业活动中普遍使用的契约,即今人所指的合同、协议。通过不断发展和演化,人们将契约中的文字进行简化,提取其中的交易方名称、品名、金额、数量等关键信息,发票才逐渐从契约中分离出来,形成了单独的体系。

发票的雏形是以商品交易的出现和人们对于交易凭证的需求作为基本条件的。早在西周时期,就已经有了对商品交易凭证的文字记载。显而易见,当时的"发票"并不是一张"票",而是某种可以证明交易行为并得到双方认可的证据物品。比如在竹、木、丝帛等材料上刻以符号或文字,再一分为二,由双方各执其一。

现代意义上的发票是指格式化、可供填写的印刷品,它的出现在我国只有100多年的历史,大约在晚清时期成型。

二、晚清时期的发票

发票在晚清时期就得到了较为普遍的应用。作为当时民间经济交易的凭证，它的制作和使用非常简单，具有较强的自主性、行业性和地域性。政府并没有涉足其间，更谈不上什么管理。

当时的经济活动，尤其在某些行业里，人们就已经形成了使用发票作为交易凭证的习惯，但不像今天缺了发票就无法进行大宗的交易。因为在中国旧式的账簿体系中，账目的体现并不需要以凭证作为依据，账房先生记账时有凭证固然好，没有也毫无问题，东家并不会以凭证的有无来衡量和判断账房先生工作的真实性与准确性，他们彼此之间的信任更多靠道德来维系。那时的商号账簿是一本"良心账"，那时的雇佣关系也许远比如今要单纯许多。

在制作方面，晚清的发票一般采用雕版印刷，商家只需准备一块印版，在凸起的字体上涂上颜料，把纸覆上即可（见图1-1）。当时就已经出现了专门印制发票的小作坊，现如今闻名遐迩的上海"商务印书馆"，最早就是以制作包括发票在内的商业文书作为主营业务的"小微企业"。或许，商务印书馆的创始人怎么也不会想到，当年小小的发票作坊能发展到现如今的规模。

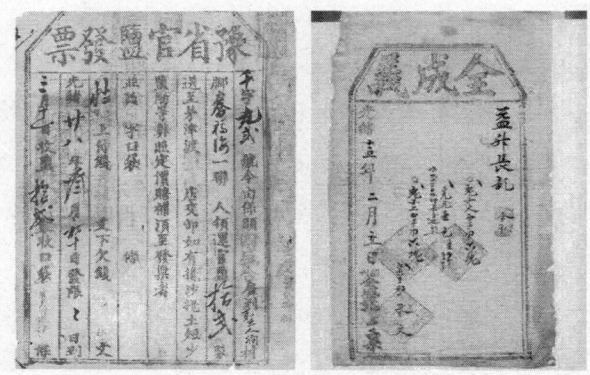

图1-1 两张清朝光绪年间的老发票

三、民国时期的发票

伴随着民族工商业以及国际贸易的蓬勃发展,民国时期的发票,无论从制度、功能和社会接受度等诸多方面,相比晚清时期,均获得了较大的提高。

1947年5月1日,国民政府正式修订颁发《营业税法》和《特种营业税法》,其中明确规定:

公司商号除应备具合法账簿外,凡发生营业行为应开立发货票,载明货品名称、数量、金额,交付买受人,并将发货票[①]存根连同进货发票及一切票据一并保存,以供征收机关随时查核。

[①] "发票"这一名称在晚清时期已经出现。书中的"发货票"与货票、发单、货单等,是当时发票在不同地域、行业的称谓,后来才逐渐统一。

将开具发票的必要性上升到法律层面，是国民政府对当时经济状况以及征纳双方进行综合考虑和评估后的一项重要决策。事实上，国民政府在很长时间里都饱受假账的困扰，尤其是抗战阶段，物资紧缺、通货膨胀，一批奸商借机大发国难财的同时，又通过制作假账的方式逃避缴纳了大量的税款。而在缺少凭证的情况下，国民政府明知商家出具了假账，却也无可奈何。因此，以交易凭证的发票作为记账依据，不仅解决了账簿的真伪问题，还进一步规范了税款的征收和稽查，为当时的税收管理做出了重大贡献。至此，发票不再是"空口无凭，立字为据"式的民间契约文书，它正式登堂入室，成为政府规范社会经济行为的重要工具和手段，一直沿用至今。

同时，随着社会的发展以及西方会计思想的传入和普及，简略的中式簿记已无法适应日趋繁复的财务工作，当时的学者们纷纷著书立说，介绍和引进西方会计的内容与方法，越来越多的企事业单位建立起了相对科学的会计核算体系（见图1-2）。发票作为记账的原始凭证，也开始进入规范的商务程序和会计体系。早在1914年的北洋政府，就曾颁布《普通官厅用簿记》，明确提出凡账面记录必须以合法凭证作为依据，把各类原始凭证看作控制收支的重要手段。

至此，发票最为基本和重要两项功能，作为经济活动的证物与会计核算的凭证，在民国时期都得到了较为明确的

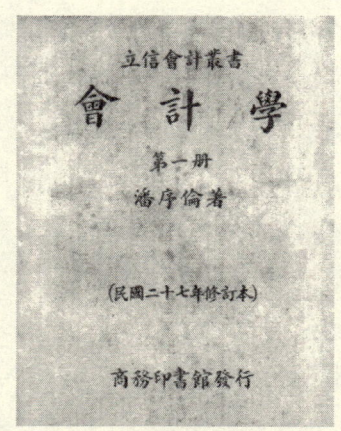

图1-2 "现代会计之父"潘叙伦著作《会计学》(1935年)

确立。

从样式上讲,相较于毛笔书写的传统中国竖版发票,来自西方的表格式发票开始逐渐进入人们的视野,并在一些发达城市得到了普遍应用。所谓表格式发票,是指利用线框将票面分隔成若干区域以供填写特定内容的发票,其风格简单高效,是一种快节奏商业文化的体现。当时的表格式发票,多为二三联次,且事先预印了号码,整体上讲与今日税局机关监制的平推式发票已颇为类似。

到了民国中后期,随着发票用量的不断增加,越来越多的商家开始使用通用性较强的表格式发票。伴随着胶版纸的流入和铅印技术的普及,发票印制也日益走上了专业化的道路。同时,一些精明的商家也逐渐意识到发票的营销价值,开始将企业宣传信息和标语等广告文字印刷于票面之上,例如"货真价实,童叟无欺""容量独多,售价特廉"等字样,为民国时期的发票使用增添了一幅幅鲜活的景象(见图1-3、图1-4)。

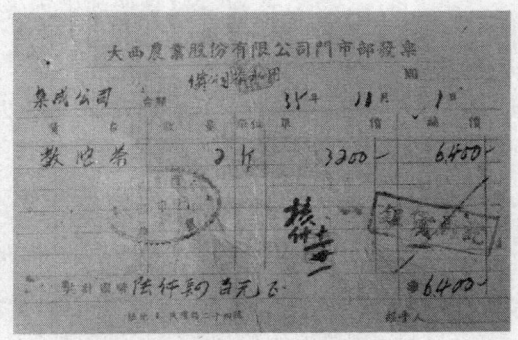

图1-3　民国时期发票(1)

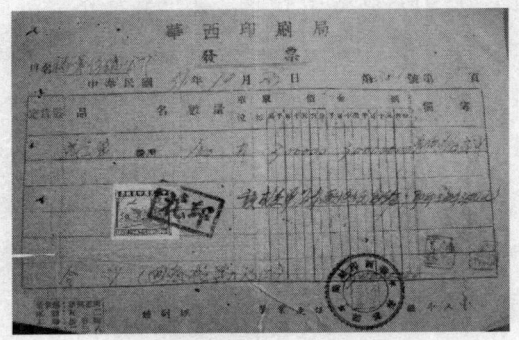

图1-4　民国时期发票(2)

四、新中国的发票

1949年,中华人民共和国成立,一穷二白,百废待兴。新的人民政府成立后，急需稳定社会经济，实现财政收支的平衡，而税收制度的建立和改进都是实现这个目标的重要手段。1949年，中央财经委员会和财政部召开了首届全国税务会议；1950年，主管全国税收工作的财政部税务总局①正式成立，各级政府相继开展了轰轰烈烈的税务体系组织建设，将税收工作的重要性提升到了前所未有的高度。

从1949年新中国成立到1956年完成社会主义改造②的这段时间，发票在各行各业得到了广泛应用。当时的各级税务机关就明确指出，建立账簿和开具发票两者相辅相成，是企业经营的必备条件。而新中国初期的市场主体正是之前所遗留下来的400万户私营工商业。据资料显示，一些私营业主对新中国的种种政策颇有反感和抵触，偷、漏税现象更是时有发生。同时，对于血液中就流淌着"阶级""成分"等基因的新中国，私营业主本身就处于改造和斗争的风口浪尖，"奸商"等字眼在当时的官方文件中更是时有出现。因此，发票作为人民政府的"税收利器"，从一开始就带有明显的强制和管制性色彩。详见图1-5。

---

① 财政部税务总局：成立于1950年。1988年改为国家税务局，脱离财政部，成为国务院直属机构。1993年定名为国家税务总局，简称"税总"。
② 由中国共产党领导的对农业、手工业和资本主义工商业三个行业的社会主义改造，把生产资料私有制转变为社会主义公有制，于1956年年底基本完成。

第一章　发票的起源与发展　9

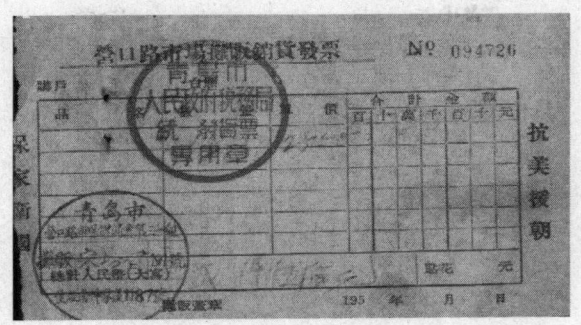

图1-5　新中国发票（1）

作为新中国的治税工具，发票迅速覆盖各个行业。在财政部税务总局的指导下，以大行政区为单位，各地纷纷颁布了极具地方色彩的发票管理制度以及相关政策。在这段时间里，发票无论从样式还是制作上讲，均比民国时期取得了不同程度的发展。首先，毛笔书写的传统竖版发票基本消亡，填写方便快捷的表格式发票成为主流。其次，雕版印刷基本绝迹，由铅印和油印取而代之。各地税务机关大多通过指定印刷厂，对发票进行统一格式、统一印制和统一发放，在各个环节都设置了不同程度的监管。从发票反映经营成果，从经营成果到应纳税收，在这个关系链条的基础上，加上对税收资源的高度重视，构成了新中国发票制度的基本起点和逻辑。详见图1-6。

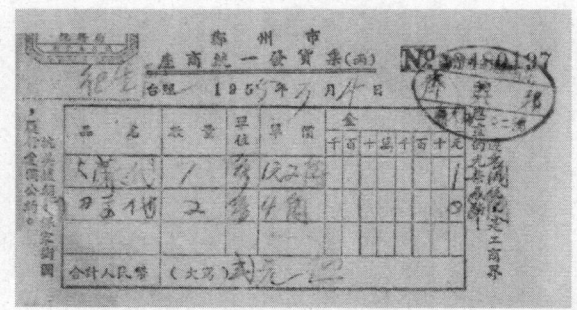

图 1-6 新中国发票 (2)

同时，伴随着新中国成立初期的一系列事件的发生，作为凭证的发票也未能幸免，承载着巨大的政治宣传作用。从票面上随处可见的毛主席语录到"抗美援朝、保家卫国""打击美帝国主义"等口号鲜明的标语，我们不难对当时人们的生活、思想状态做出一个简单的推测。详见图 1-7。

图 1-7 新中国发票（背面）

1956年年底,随着社会主义改造的基本完成,私营工商业逐步消亡,公有制、集体所有制经济成为市场主体,彼时的"奸商"摇身一变成为社会主义建设的主人,昔日的"私家菜"变为如今的"大锅饭",偷税、漏税等行为已经不能再为个人带来任何利益。因此,国家为了适应改造后的新经济形势,对原有税种进行合并,简化纳税手续,使发票的治税作用得到了极大的弱化。在之后的"文化大革命"里,整个国民经济濒临崩溃的边缘,税务机关遭到裁撤,税务干部被下放,各地发票的管理和使用混乱不堪。作为新中国的"注脚",发票经历了新中国成立初期的短暂繁荣后,迅速跌入了谷底。详见图1-8。

图1-8 社会主义改造一角——信大翔绸布商店完成公私合营

在经历了相当一段时间的混乱、无序和停滞后,1978年,中共十一届三中全会胜利召开。会议讨论和纠正了若干历史问题,在意识形态上冲破了"左"的困扰,重新确立起经济建设的工作重心,为日后轰轰烈烈的改革开放拉开了序幕,使国家步入正轨,走上了发展的"快车道"。

随着国家经济的全面复苏和现代化建设的日新月异,税收工作也得到了明显的恢复和加强。1986 年,财政部颁发《全国发票管理暂行办法》,对发票管理的范围、内容以及发票的印制、发放、使用等做出了统一规定,一改新中国早期发票管理"分而治之"的地域性特点,使其在全国范围内走向制度化、法律化和系统化。1993 年,财政部废止该文件,在此基础上颁布《中华人民共和国发票管理办法》,2010 年 12 月该办法再次得到修订,并由财政部令上升为国务院令,沿用至今。

21 世纪,人类进入了计算机技术与互联网应用迅猛发展的时代,2009 年,为了加强和规范发票管理,适应税收信息化建设要求,国家税务总局本着"精简票种,强化机打,简化票面"的思路,颁布了《全国普通发票简并票种统一式样工作实施方案》,对发票的种类、样式进行了规范和简化。通用机打发票、通用定额发票、冠名发票、一系列的行业发票(如,航空运输电子客票行程单、机动车销售发票)等耳熟能详的名字,至今仍令不少人记忆犹新,甚至依旧出现在我们的工作、生活里。详见图 1-9、图 1-10、图 1-11、图 1-12。

第一章 发票的起源与发展　13

图1-9　通用机打发票（1）

图1-10　通用机打发票（2）

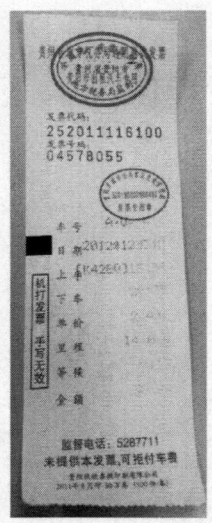

图 1-11 行业类发票(出租车发票)

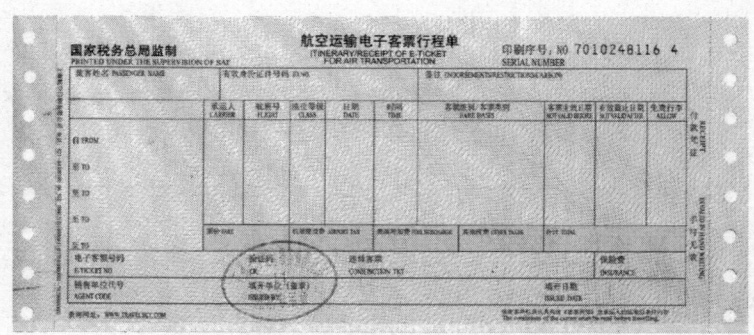

图 1-12 行业类发票(航空运输电子客票行程单)

2016年,伴随着轰轰烈烈的"营改增"在全行业推行,我国发票进一步完成了向增值税普通发票和增值税专用发票的"极简式"转变,至此,发票种类繁多、样式各异、规格不一的历史一去不返。增值税发票一统江山的时代，已经来临。

五、小结

我们今天所说的发票，专指由税务机关统一进行管理和监制的交易凭证。而"发票"一词究竟定名于何时，至今仍然没有明确的结论。在很长的一段时间里，发票的大家庭里有着各式各样的名字：发货票、发单、货票、货单等，直到新中国成立后，才逐渐统一为"发货票"和"发票"两个称谓。在李胜亮老师所著《发票撷趣》一书中，从政府管理的角度将发票演变过程划分为四个阶段，颇为清晰地描绘了它一路走来的轨迹和独具的时代性气息。

一是非税控状态。这一时期是指 1947 年国民政府颁布《营业税法》和《特种营业税法》之前，各类发票、收据、发货票作为民间流通的交易凭证，其设计、印制和使用由商家自行决定，政府完全没有介入其中。

二是半税控状态。1947 年国民政府颁布《营业税法》和《特种营业税法》，明确指出企业必须建立账簿和发票，并以发票作为记账和纳税的主要凭证。虽然有了制度性依据，但这一阶段政府对于发票的管理仍相对松散，大多仅限于统一印制或由商家将自行印制的发票拿到税务机关进行盖章。

三是归口管理状态。1986 年颁布的《中华人民共和国税收征收管理暂行条例》和《全国发票管理暂行办法》,明确规定发票由税务机关进行管理,并对发票的领、用、存、取、印、缴、销等各个环节进行了全面的监管。

四是强化管理状态。随着增值税抵扣制度和专用发票的启用,发票的地位被提升至了前所未有的高度。国家为了防止骗税而采取使用的一系列技术手段和管理措施,使我国发票管理又迈入了一个崭新的阶段。

由此可见,在短短的100多年时间里,发票完成了从纯民间交易凭证到政府治税工具的转变。从晚清时期"睁眼看世界"的商号雕版印刷发票,到受西方思潮影响巨大的民国表格式发票;从新中国成立后一段时间内的"语录体发票",再到如今无纸化、网络流转的电子发票,发票记录的不仅仅是商业交易的明细,更书写了时代发展的变迁。一张张毫不起眼的发票,承载的是各个历史时期经济、文化和科技发展水平的不同,蕴含着人们行为、品味和政府管理思想的差异。发票是企业的名片,是制度的信使,是时代的缩影,是不会撒谎的记录者,是时代变迁的活化石。

第二章 基于增值税发票管理新系统的电子发票

目前我国推行的电子发票均由增值税发票管理新系统所生成,并拥有一个统一的名字——增值税电子普通发票。在本书详细介绍电子发票之前,我们需要了解以下几个基本问题:增值税是什么?增值税发票管理新系统是什么?它们之间又是什么样的关系?现阶段,如果脱离这几个问题单纯地去探讨电子发票,那么只是浮于表面的泛泛之谈。

从第一章内容我们可以了解到,发票是治税工具,是政府规范和监督社会经济行为的重要手段,经历了漫长的发展和演变过程。同理,电子发票也不是"石头里蹦出的孙猴子",如果我们把它比作一个鲜活的生命,那么增值税发票管理新系统就是孕育它的母体,而整个增值税体系就是个大家庭。从这个角度上讲,发票是"表",系统是"里",税种才是"根"。同时,电子发票诞生于我国互联网飞速发展的大背景下,是发票由纸质形态向信息形态转变的必然结果,但从本质上讲,其"发票"的属性并没有改变。因此，深入理解电子发票，离不开对其背景和要素的学习与掌握。在本章内容中，我就目前形成电子发票的基础、增值税和增值税发票管理新系统以及相关知识，一一展开论述。

一、增值税的起源

增值税最早的提出主要归功于两个人，一位是德国西门子公司的创始人之子乔治·西门子，他在1918年就建议德国政府以增值税取代营业税。另一位是美国经济学家托马斯·亚当斯，他于1910年左右开始系统研究美国税制，最先提出了对增值额征税的概念，主张以增值税取代企业所得税。1954年，在时任法国税务局局长莫里斯·洛雷的大力推动下，增值税由"理想"变为"现实"，真正成为一个国家的法定税种，法国也因此成为人类历史上第一个开征增值税的国家。

20世纪80年代末，众多发达国家和发展中国家纷纷引入增值税，在全球范围掀起了一股增值税传播的热潮。迄今为止，全球开征增值税的国家和地区已经超过170个。据调查显示，推行增值税的国家要比没有推行增值税的国家容易筹集到更多的财政收入，应该说，增值税作为一个相对年轻和朝气蓬勃的税种，其推广速度之快，运用范围之广，是其他税种无法比拟的。

二、增值税简介

（一）概念

顾名思义，增值税是针对商品或服务在流通过程中的增值而征收的一种税，是以增值额或价差作为计税依据的税种，它的征收包括生产、交易、消费过程中的各个环节，是由消费者所承担的价外税。

（二）内容

增值税基于增值额而征收。举例说明：某饭店以30元的价格购进鸭子一只，将其加工成烤鸭后以150元的价格予以售出，但如果用150－30＝120元的方式来确定增值额，那么饭店一定不会同意。因为在制作烤鸭的过程中，抛开人工和场地的因素，还有设备、佐料、辅料等一系列成本的支出。所以在实际操作中，增值额的确认非常复杂，也很难做到。因此，目前各国普遍采取了税款扣除法（也称"发票扣除法"）来具体计算增值税，即根据商品或服务的销售额，按规定的税率计算出销项税额，然后扣除取得该商品或服务所支付的增值税额，也就是进项税额，得到应纳的增值税额。

增值税的核心就是纳税人以销项税额抵扣其支付的进项税额，其余额作为实际缴纳的增值税税额。在任何一个产业链中，上游企业的销项税额变成了下游企业的进项税额，这样环环相扣做减法，形成了完整的增值税抵扣链条。我们还以销售烤鸭为例,加入上下游企业:养殖场以 30 元的价格将鸭子出售给饭店,由于购进饲料等成本,每只鸭子可抵扣的进项税是 3 元;饭店购入鸭子后,加工成烤鸭出售,每只 150 元;超市从饭店购入烤鸭,简单包装后售价是每只 200 元,增值税抵扣链条详见表 2-1。

表 2-1　　　　　　增值税抵扣链条

项目	养殖场	饭店	超市
售价(不含税)	30	150	200
进项税额	3	4.8	24
销项税额	30×16%=4.8	150×16%=24	200×16%=32
缴纳增值税额	4.8-3=1.8	24-4.8=19.2	32-24=8

注:均为不含税价,涉及的增值税税率为 16%。

由此可见,增值税的计算公式为:

应纳税额 = 当期销项税额 - 当期进项税额
　　　　 = 当期销售额 × 税率 - 当期进项税额

虽然增值税出现在流转的每个环节,但由于它的抵扣制度使纳税人只需负责各自环节的税款,避免了重复征税,有利于专业化的生产和分工,是一种相对较为科学的税种。详见图 2-1。

图 2-1　一只鸭子的"增值"过程

(三) 类型

各国在推行增值税的过程中，出于财政收入和投资政策的考虑，按照对外购固定资产的处理方式不同，将增值税分为生产型增值税、收入型增值税和消费型增值税三种类型。

生产型增值税在计算增值税时，不允许扣除任何外购固定资产的所含税款；收入型增值税在计算增值税时，只允许扣除外购固定资产当期计入产品价值的折旧费部分；消费型增值税在计算增值税时，允许对当期购入的固定资产税款进行一次性扣除，详见表2-2。

表2-2　　　　　　　增值税类型

类型	生产型增值税	收入型增值税	消费型增值税
外购固定资产税款	不允许扣除	以折旧的方式分期扣除	当期购入一次性扣除
特点	保证财政收入，对固定资产产生重复征税，不利于鼓励投资	标准的增值税，操作不便，很难大范围普及	凭发票扣税，便于操作管理，最能体现增值税的优越性，但会减少财政收入

(四) 发票

由于我国采取了税款扣除法即发票扣除法来具体计算增值税，因此增值税发票在整个增值税的征收过程中有着不可替代的关键性作用。目前，我国的增值税发票主要分为增值税普通发票和增值税专用发票两大类。

增值税普通发票的基本联次为两联，包括发票联和记账联，其中发票联是购货方留存的记账凭证，记账联是销货方留存的记账凭证；增值税专用发票的基本联次为三联，除发票联、记账联之外，还包括购货方用于抵扣进项税款的抵扣联。因此，增值税专用发票不仅是证明买卖双方交易的凭证，更是整个增值税凭票抵扣制度的核心所在。长期以来，我国增值税的征收和管理正是在"以票控税"的基本思路之下，围绕着增值税专用发票的开具和使用而展开的。

（五）纳税人

增值税实行凭专用发票抵扣税款的制度，对会计核算水平要求较高，需要纳税人能准确核算进项税额、销项税额和应纳税额。基于我国大量的小微型企业尚不能满足这一条件的现实情况，《中华人民共和国增值税暂行条例》将纳税人按经营规模和会计核算水平划分为小规模纳税人和一般纳税人，分别采取不同的计税方式，这就是我们常说的增值税"二元化"管理。

（六）税率

税率是计算税额的尺度，也是衡量税负水平的重要标准。2017年4月28日，财政部、国家税务总局联合颁发《关于简并增值税税率的有关通知》，取消原有13%的税率。2018年4月4日，两部门又联合下发《关于调整增值税税率的通知》，对原有增值税税率进行了调整。至此，我国的增值税税率针对不同的行业主要有16%、10%、6%三档,以及适用于小规模纳税人的征收率3%。

(七) 计税方法

增值税的计税方法,包括一般计税方法和简易计税方法。一般计税方法适用于一般纳税人,前面"烤鸭"案例中提及的增值税计算方式就是一般计税法,即:

应纳税额 = 当期销项税额 − 当期进项税额

简易计税方法是指按照销售额和增值税征收率直接计算出税额,适用于小规模纳税人,不能抵扣进项税额,公式为:

应纳税额 = 销售额 × 征收率

我们可以通过下表简单理解一般纳税人和小规模纳税人在应税行为上的不同(详见表2−3)。

表2−3　一般纳税人与小规模纳税人应税行为比较

类型	收入型增值税	消费型增值税
税率	16%、10%、6%	3%
计税方法	销项税额 − 进项税额	销售额 × 征收率
开具发票	可以接受增值税普通发票和专用发票	可以开具增值税普通发票,如需开具专用发票需要前往税务机关进行代开
取得发票	可以接收增值税普通发票和专用发票	可以接收增值税普通发票,如取得专用发票只能当作普通发票使用
进项抵扣	可以抵扣	不能抵扣
财务处理	复杂	简单

（八）办税流程

以增值税一般纳税人的办税流程为例，有以下几个主要环节：

第一，前往税务机关，申请认定一般纳税人资格。通过后由纳税人进行票种核定申请，包括申请发票的种类、单次（月）领用数量、最高开票限额；

第二，纳税人购买税控专用设备①；

第三，税务机关对税控专用设备进行初始发行，将纳税人的税务登记、资格认定、票种核定等信息写入设备。初始发行后，再将发票代码、号码信息传输至设备，纳税人即可领取纸质发票；

第四，纳税人安装税控开票系统，将税控专用设备与开票电脑相连接，进行开票操作；

第五，以月为单位，在税控开票系统中做抄、报税处理，将上个月开出的发票汇总信息上传至税务机关。同时在国税申报系统中填写、生成增值税纳税申报表，上传税务机关与报税信息进行比对，通过后在开票系统中完成增值税申报流程。

三、增值税在我国的发展历程

1979 年，我国对开征增值税的可行性进行调研，在柳

---

① 税控专用设备是我国现阶段开具增值税发票的必需品，后文有详细介绍。

州、长沙等城市,以重复征税现象较为严重的机器机械和农业机具两个行业为依托,进行增值税试点,成为我国引入增值税的开端。

1994年,我国正式启动了新中国成立以来规模最大、范围最广、力度最强的工商税制改革。1994年1月1日起施行《中华人民共和国增值税暂行条例》,明确在销售货物,加工、修理修配劳务和进口货物的领域,推行以增值税为主体的流转税制。

在1994年税制改革后的一段时间里,我国增值税的推行存在着两大问题:一是采用生产型增值税,即计算增值税时,不允许企业抵扣购进固定资产的进项税额。生产型增值税对固定资产投资会产生重复征税,尤其不利于企业扩大规模,进一步推动设备、技术的更新换代,是国家在特定改革时期保证财政收入,抑制投资膨胀的无奈之举。二是增值税不向服务业征税。我国增值税和营业税的一贯分工是,前者面向"看得见、摸得着"的商品征税,后者面向服务征税。这使得大部分服务性行业存在着重复征税、增值税抵扣链条断裂等问题,对其进一步的发展产生了阻碍。

基于这两点,我国在21世纪分别推行了"增值税转型"和"营改增"两项重大的结构性减税政策。2004年,以允许东北部分地区企业抵扣购进设备的进项税为起点,拉开了我国由生产型增值税向消费型增值税转型的序幕。2006年,该政策蔓延至中部六省市,2009年扩大至全国范围。采用

"全额抵扣、全行业转型"的消费型增值税方案对于刺激企业投资、升级,促进经济增长具有重要的意义。

"营改增"① 作为另一项改革措施,可以说是21世纪我国财税领域最为轰动、最具影响力、最令人耳熟能详的大事件。它不仅是国家层面上的大政方针,更因为增值税发票在各行各业的普及和渗透,直接影响了我们每个老百姓日常的工作与生活。2012年1月1日,上海打响了我国"营改增"的第一枪,率先将交通运输业和部分现代服务业纳入试点;随后,"营改增"在全国范围内陆续扩散至多行业。直至2016年5月1日,伴随着建筑业、房地产业、金融业、生活服务业四个"硬骨头"行业的试点完成,营业税完全被增值税所替代,正式退出历史舞台。详见图2-2。

图2-2 某地国税局"营改增"临时办税服务厅的忙碌景象

---

① 营改增:即营业税改增值税。

"营改增"的意义,不仅体现于通常所说的打通增值税抵扣链条,减轻企业负担,助力国家经济发展,从更深层次的角度上讲,它倒逼了整个中国财税体制的改革进程。"营改增"之前,营业税作为地方政府的主体税种,占据了地方财政收入相当的比重;"营改增"后,营业税被增值税所取代,在其他地方税种还没有发展起来的前提下,各地政府出现了较大的税收缺口。2016年4月30日,在"营改增"全面推行的前一天,国务院公布了《全面推开"营改增"试点后调整中央与地方增值税收入划分过渡方案》,规定在未来二三年的过渡期内,增值税收入采取中央与地方五五分账的方式共享。而下一步,对于如何理顺中央与地方财政关系,推动双方财权、事权的划分以及相关制度化建设,是摆在政府面前的一个重要课题。从这个层面上讲,增值税在我国的发展,早已远远超出了其本身"税"的含义。我国增值税发展历程详见图2-3。

四、增值税发票管理新系统

(一) 背景

1994年,我国开始推行以增值税为主体的税制改革,并确定实施了以专用发票作为抵扣凭证的增值税征管制度。虽然国家在增值税专用发票的印刷环节就加入了诸多的防伪技术,但鉴于其可抵扣税款的特殊性,无形中为不法之徒提供了巨大的牟利空间。因此,为了从根源上杜绝利用

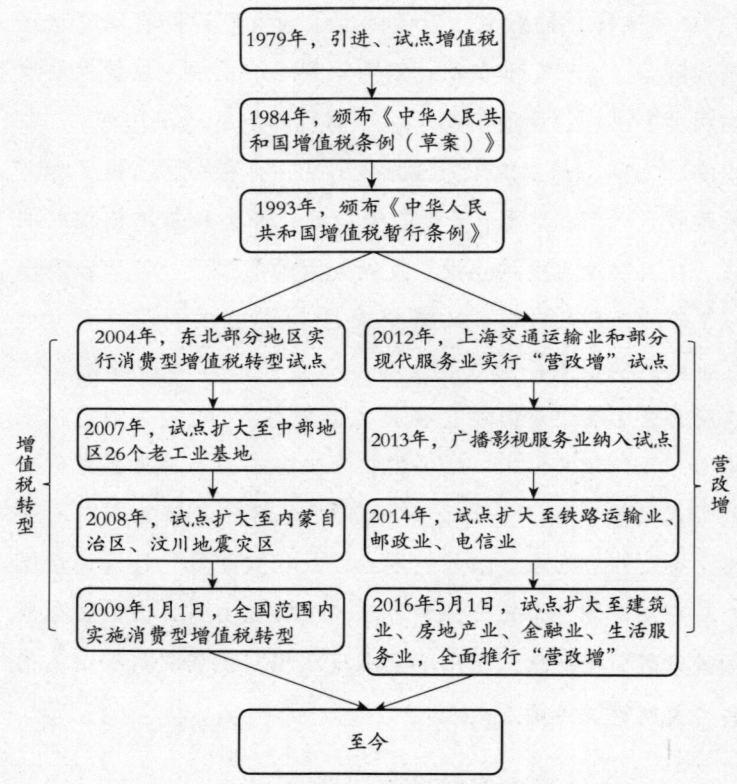

图 2-3 我国增值税发展历程

增值税专用发票的违法犯罪行为,保证国家税收安全,1994年2月,时任国务院副总理的朱镕基在听取了有关部门的汇报后,直接批示要尽快建立以加强增值税管理为核心内容的"金税工程",成为我国运用信息化手段进行税收征管的开端。

"金税工程"的全称是全国增值税专用发票计算机稽核

网络系统，最初的建设思路由"一个网络，四个系统"所构成，即通过建立覆盖全国税务机关的计算机网络系统，对增值税专用发票和企业纳税情况形成严密的监控。金税工程在历经20多年的发展后，通过一期、二期、三期的系统性建设，如今已逐步扩大为覆盖国、地税，支持所有税种和工作环节，包含税收征管、行政管理、外部信息和决策支持四大体系的"巨无霸"工程。

相对金税工程的"兼容并包"和"无所不能"，防伪税控系统作为其专门管理、监控发票的子系统，是整个金税工程的重要组成部分。防伪税控系统从一开始就围绕着"发票"而诞生，它的设计初衷是以管控增值税专用发票作为核心目的，通过加密算法和电子存储技术，采取软件、硬件结合的方式，对发票的申领、开具、认证、抄报多个环节进行全流程监控，达到了增值税专用发票防伪和税控的双重功效。2006年，为了加强管理、堵塞税收漏洞，国家税务总局发布了《关于推行增值税防伪税控一机多票系统的通知》，将增值税一般纳税人开具的普通发票也纳入防伪税控系统中，使其适用范围进一步扩大。

经过20年的推行和发展，在"以票控税"的增值税管理思路之下，税务机关利用防伪税控系统初步实现了增值税管理的规范化和系统化。伴随着中国税务信息化建设的不断发展，防伪税控在我国20世纪末21世纪初的税收征管史中占据着重要席位，并在税务机关和纳税人之间的互动中起到了极为关键的桥梁作用。

2012年,伴随着"营改增"试点在全国范围内陆续开展,国家税务总局针对率先启动试点的交通运输业一般纳税人,引入了货物运输业增值税专用发票税控系统(简称"货运系统"),用于该行业的增值税发票管理和开具。这套系统的应用意义在于,相对于防伪税控系统,这套系统采取全新的税控设备、密码算法、软件系统和服务队伍,完全独立,自成一脉。一直以来,航天信息股份有限公司作为防伪税控系统唯一的提供商,在我国税控服务领域长期处于"别无选择、只此一家"式的绝对垄断地位,而相对竞争的引入,使之前广受诟病的税控服务行业在走向多元化、健康化和市场化的道路上,迈出了坚实的一步。

(二)产生

作为两套相对并行、互不干涉的"独立王国",增值税防伪税控系统和货物运输业增值税专用发票税控系统在实际推行中,也遇到了一系列问题。比如,对于某些同时开具增值税专用发票和货运专用发票的混业纳税人,就需要在实际经营中购买两套税控设备,使用两套开票软件。伴随着"营改增"在全行业的陆续推行,为了适应税收现代化建设,满足增值税的一体化管理,2015年1月1日,国家税务总局对原有的两套税控系统进行整合、升级,在全国范围内推行了增值税发票管理新系统(以下简称"新系统")。新系统无论从适用对象、网络功能、配套设备等几个层面,均比之前有了较大幅度的提高,堪称我国增值税发票管理史上的一次"系统性升级"和"任督二脉的打通",详见图2-4:

> 一个系统:对增值税防伪税控系统、货物运输业增值税专用发票税控系统、稽核系统以及税务数字证书系统进行打通、升级
> 两个覆盖:所有增值税一般纳税人和小规模纳税人
> 统一开具:均可开具增值税专用发票、增值税普通发票、机动车销售统一发票和增值税电子普通发票
> 网络强化:纳税人开具的发票全票面信息,通过互联网实时上传税务机关,生成增值税发票电子底账
> 功能创新:建立全国发票电子底账库和发票查验平台

图2-4 增值税发票管理新系统特点

由此可见,增值税发票管理新系统在纳税人端实现了一套税控设备对应一套开票软件解决所有增值税发票的开具问题,为我国"营改增"在全行业的推行铺平了道路。同时,发票数据的实时上传,有效地解决了之前发票信息采集滞后的痛点;而发票电子底账库和查验平台的建立,为提升国家税收管理的质量和效率,增强纳税人体验,促进诚信体系建设做出了积极的贡献。

此外,作为本书的"主人公",电子发票于2013年在北京诞生。2015年增值税发票管理新系统在全国范围推广后,电子发票作为一个单独的票种正式被纳入增值税管理体系,率先在普通发票领域进行推广应用,统一定名为"增值税电

子普通发票"。

(三) 税控设备及开票软件

增值税发票管理新系统在纳税人端的使用是由硬件和软件两部分组成,硬件是指开具发票所需的税控专用设备,包括金税盘和税控盘,通过 USB 物理接口与开票电脑相连接;软件是指对应两种税控专用设备的开票软件,包括发票开具、信息统计、抄报税管理、数据备份等基本功能。纳税人选择任何一套设备和对应的开票软件即可满足所有增值税发票的使用需求。详见图 2-5 至图 2-8。

金税盘和税控盘由国家授权相关机构研发,肩负着国家税收安全的重任,是开具增值税发票的必需品,也是整个开票系统的"心脏",被广大纳税人俗称为"白盒子"和"黑盒子"。两张盘的主要组成模块有纳税人登记信息、发票代码号码、加密算法和数字证书,我们可以将其工作原理简单理解为:"纳税人通过开票软件录入发票要素信息(包括抬头、金额、购方纳税人识别号等)→要素信息与税控盘内存储的发票号码、代码、加密算法相结合,生成完整的发票信息→发票信息自动保存至税控设备,同时数字证书对信息进行签名,上传至税务机关并生成增值税发票电子底账"。

此外,金税盘和税控盘在各自独立运行的基础上,都辅助配套了非强制性购买的报税盘,用于相关业务的办理和使用。报税盘在数据传递方面具有两张盘的主要功能,使纳税人在往返办理发票的过程中无须插拔本地税控设备，起到了与税务机关信息往来的桥梁作用。

图2-5　金税盘和报税盘

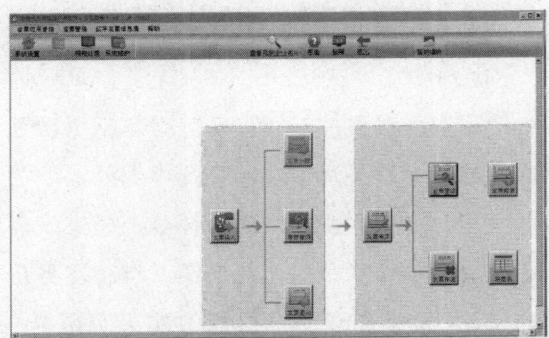

图2-6　增值税发票税控开票软件（金税盘版）

图2-7　税控盘和报税盘

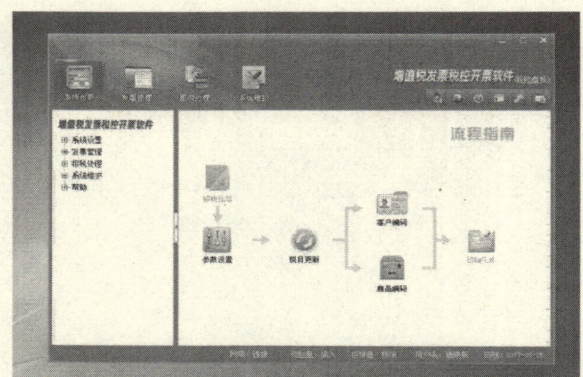

图 2-8 增值税发票税控开票软件（税控盘版）

（四）定价

纳税人使用增值税税控专用设备需要缴纳一次性购买费用和按年收取的技术服务费用。2017 年 7 月 2 日，为了进一步减轻企业负担，优化企业生产经营环境，国家发展和改革委发布《关于降低增值税税控系统产品及维护服务价格等有关问题的通知》，将金税盘、税控盘的购买费用统一由 490 元下调至 200 元，报税盘的购买费用由 230 元下调至 100 元；技术服务费用由每年 330 元统一下调至 280 元。对于使用两套及以上税控专用设备的纳税人，第二套起的技术服务费用进行减半收取。

同时，增值税纳税人初次使用税控专用设备所支付的购买费用和技术服务费，可在增值税应纳税额中全额抵减，由国家财政买单；非初次购买的费用由纳税人自行承担。

（五）服务单位

金税盘、税控盘由国家税务总局分别授权航天信息股份有限公司和国家信息安全工程技术研究中心进行研发和生产，两家单位又通过建立和委托本地化的服务队伍，在全国范围内进行税控设备的销售、服务工作。

航天信息股份有限公司隶属于中国航天科工集团，是以信息安全为核心技术的国有上市公司。作为其体制内企业和防伪税控系统独家提供商的特殊身份，航天信息长期在税控设备及其相关产品、服务的售卖上处于绝对垄断地位，获得了巨大的成功。经过多年的发展，航天信息直接建立了覆盖全国、直达区县的庞大服务体系，至今在同行业的市场占有率上仍处于大幅领先地位。

2012 年，以"营改增"为契机，国家税务总局在原有防伪税控系统的基础上，引入了独立运行的货运系统及配套设备。之后通过增值税发票管理新系统的系统性打通，在技术上实现了金税盘、税控盘两套体系的公平竞争，打破了以往航天信息在税控服务领域的独家垄断局面。税控盘由国家信息安全工程技术研究中心研发、生产，百望金赋科技有限公司作为其独家授权单位，在全国范围内进行相关产品的销售和服务。相对于航天信息的"根正苗红"与"多年深耕"，百望金赋在短时间内迅速建立了覆盖全国的分公司体系，在相对封闭的中国税控服务领域与航天信息形成了"一山二虎"式的分庭抗礼局面。

第三章　我国电子发票的产生和发展

虽然目前对于我国第一张电子发票的归属尚有争议,但普遍认为中国大陆的首张电子发票诞生于北京,由京东商城在2013年6月27日正式开出。

笔者至今仍清楚地记得,在电子发票刚刚诞生的一两年里,纳税人对其最常提及的问题是"电子发票是什么""有没有法律效力""税务局到底认不认"。而现如今一些纳税人对于电子发票的理解,从开具模式、办理流程到具体操作甚至是不同服务厂商的收费情况,都堪比专业人士。

我国电子发票起始于电子商务企业,通过四五年的推广,逐步在餐饮、电信、快递、公共事业、商场超市等一系列行业和领域得到了广泛应用,从适用范围、开具数量和社会认知度等几个层面均取得了较大的发展。根据国家税务总局发布的信息显示,2016年全国共有9万户纳税人开具了7亿多张电子发票,无论是官方的统计数据还是笔者在市场一线的切身感受都表明,对于相当一部分人来讲,电子发票已不再是新生事物,它逐渐成为我们工作、生活的一部分,进入了百姓的衣食住行,步入了千家万户。

第三章 我国电子发票的产生和发展

在本章内容中,让我们结合增值税发票管理新系统的背景知识,就"电子发票是什么""电子发票从哪里来"和"电子发票的发展过程"等几个问题,进行较为深入的探讨。

一、诞生

2013年6月27日,在北京市政府相关领导的见证下,享誉全国的电子商务企业京东商城在北京总部开出了我国第一张电子发票(见图3-1)。该发票由京东旗下专营图书的全资子公司江苏圆周电子商务有限公司开具,发票金额41.4元,交易商品为两本《中国梦》。从某种意义上讲,这张发票是新中国成立以来最重要的一张发票,它象征着蜕变,标志着进步,代表着创新,拉开了我国新时代发票和发票管理体系的变革序幕。

图3-1 我国第一张电子发票

21世纪，人类进入互联网飞速发展的时代，中国的互联网经济更是走在了世界前列，成为我国经济发展的重要组成部分。相信我们每个人不论年龄、地位和收入的差异，都或多或少地有互联网购物体验。而对于很多年轻人而言，网购已经基本替代了传统购物方式，成为他们生活中不可或缺的组成部分。在如今这个点点鼠标就坐等收货的年代里，很多人已不再习惯于前往实体门店进行"货比三家式"的线下消费。而以互联网为媒介，具有交易地点"无址化"、交易凭据"无纸化"和产品服务"无形化"等特点的电子商务日益成为主流，对传统交易模式的方方面面均产生了巨大冲击。

以传统消费行为中"一手交钱，一手拿发票"的体验为例，就已不再适应和匹配新时期电子商务的发展需求。假设消费者花5元钱购买一本电子书，那么单独邮寄发票的成本就已经远大于商品本身的价格。尤其对于一些发票开具量大，开具时间集中的大中型电子商务企业来说，纸质发票已经变为阻碍其进一步发展的包袱与负担。以京东为例，在使用电子发票之前，单是每年的发票印制费用就高达几千万元，而对于那些看不见的隐性环节（包括人工、耗材、分拣、仓储和管理等）成本，更令企业感到不堪重负。据京东披露，单单是京东北京公司就配备了近300台发票打印机和相同人数的专业团队来处理发票相关的一系列工作，而对于整个京东集团年16亿张的发票开具量而言，总投入早已高达数亿元。从企业的角度上讲，在履行纳税义务和保障消费者权益的同时,付出了巨大的代价。详见图3-2。

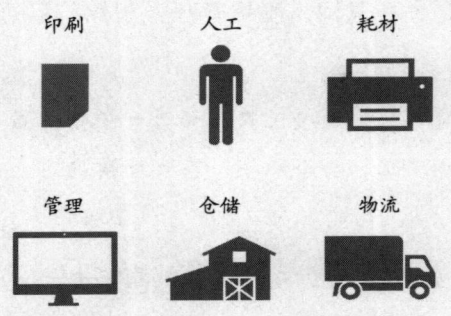

图3-2 一张纸质发票的"成本"

从社会资源和政府管理的角度上讲,"营改增"之前,我国地税每年的纸质发票使用量约为300亿张,按照每100万张发票需要消耗400棵树的方式计算,对自然资源的损耗和破坏已令人触目惊心。同时,在我国以纸质发票为核心的税收征管模式下,从发票的印制、保管、领用到开具、验旧、缴销等一系列环节,不仅需要纳税人频繁的往返税务机关,更花费了各级税务干部巨大的时间和精力。以至于在很多人眼里税务机关就是全职"管理发票"的政府部门。

因此,在这些因素的共同催生下,电子发票应运而生。它不是"一拍脑门"的奇思妙想,也不是"灵光一闪"的发明创造,电子发票在我国出现具有深刻的历史背景,是经济发展的刚性需求,是社会进步的必然产物。2012年5月,国家发展和改革委发布《关于组织开展国家电子商务示范城市电子商务试点专项的通知》,规定在电子商务示范城市申请获批后，可以组织开展电子发票试点工作。2013年2月，国家税务总局颁布《网络发票管理办法》，其中第十五条明确规定：

> 省以上税务机关在确保网络发票电子信息正确生成、可靠存储、查询验证、安全唯一等条件的情况下，可以试行电子发票。

2013年6月27日，在多方的共同努力下，电子发票终于由"理想"变为"现实"，全国首张电子发票在北京京东商城顺利诞生。

值得一提的是，在我国电子发票的诞生和发展过程中，电子商务尤其是电子商务企业发挥了巨大作用，是一支居功至伟、不容忽视的力量。以京东、苏宁为代表的一批电商企业，出于自身经营的考虑，多次为电子发票呼吁、奔走和站台，从客观上影响和推动了政府的一系列决策，并在试点过程中扮演了主力军的角色。以至于在电子发票推广早期，很多人将其狭隘地理解为规范网络交易、专门为电子商务企业"量身定做"的配套产品。所以说，作为政府和企业共同孕育的结晶，电子发票自诞生之日起就具有浓厚的"市场基因"，它的出现为新时代开放、协作、平等的互联网精神做出了最好的诠释。

二、发展

迄今为止，我国电子发票的发展以国家税务总局在2015

年11月发布的《关于推行通过增值税电子发票系统开具的增值税电子普通发票有关问题的公告》（国家税务总局公告2015年第84号，以下简称"84号公告"）为分水岭，主要分为前期试点和全面推广两个阶段。详见图3-3。

图3-3 电子发票发展阶段示意图

（一）前期试点

从2013年6月我国第一张电子发票诞生到2015年11月"84号公告"发布的这段时间里，以各直辖市、省级税务机关、计划单列市为单位，全国部分地区推行了面向个人消费者的电子发票试点工作。以北京为例，在首批向电子商务企业推行应用试点之后，2014年年底又将试点范围进一步扩大至大型零售、电信和金融保险三个行业，小米科技、国美在线、中国人寿北京分公司、中国人民财产保险北京分公司等一批颇具影响力的企业陆续上线电子发票。同时，上海、重庆、深圳、浙江等地也相继开展电子发票试点，在全国范围内点燃了电子发票推广的"星星之火"。

相较于日后的全面推广，电子发票在试点阶段主要具有以下几个特点：一是推行行业主要集中在电子商务领域和少数金融保险机构，适用范围较为单一；二是各地税务机关自行建立和部署电子发票局端系统以及查验平台，在模式和规则上均有较大差异；三是由于相关政策的缺失，试点阶段的电子发票抬头均为"个人",只能针对个人消费者作为交易和维权的凭证,无法作为报销凭证使用。

笔者至今仍清楚地记得,电子发票在试点阶段推行的不易。当时,人们对这一新生事物充满好奇的同时,更多是持观望态度并抱有种种疑虑。尤其对于大部分国人"需要报销才索要发票"这一行为理念,电子发票在前期无法作为报销凭证的弱点更令人谈之色变,成为阻碍其发展的主要障碍。从这个角度上讲,试点阶段的电子发票是"瘸腿将军",并不能称其为完整意义上的发票。详见图3-4至图3-6。

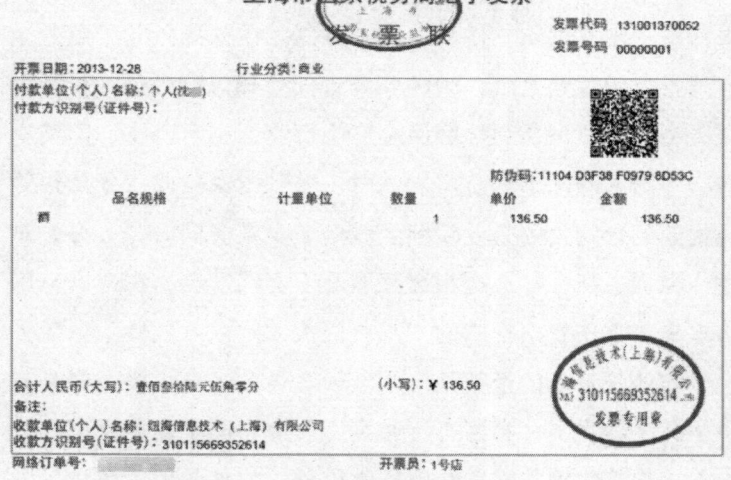

图3-4 试点阶段电子发票(上海)

第三章 我国电子发票的产生和发展 | 43

青岛市国家税务局通用电子发票
发 票 联
发票代码：1370213735 10
发票号码：00000001

开票日期：2013-07-01 09:32　　行业分类：商业

客户名称：赵春梅			联系电话：150****3686	
配送地址：山东青岛平度市马戈庄镇				
项目	单位	数量	单价	金额
海尔冰箱 BCD-133EN	台	1		1099.00

合计：大写金额：壹仟零玖拾玖元整　　　　小写金额：￥1099.00
备注：商城订单
销货单位：海尔集团电子商务有限公司　　纳税人识别号：370212718044395212718044694
开 票 员：海尔商城　　　　　　　　　　网上订单编号：WD130701746625
作废原因：作废　　　　　　　　　　　　作废时间：2013-07-10 09:16
税 控 码：EF0A 4DAD A862 CAAE E66F　　注：登录http://www.chinaeinv.com进行发票查询，
本发票开具金额超过壹拾万元整（含）无效。　　也可以到该网站下载手机客户端进行发票查询。

图3-5　试点阶段电子发票（青岛）

湖北省国家税务局电子发票
发 票 联

发票代码：142006900001
发票号码：00000001

开票日期：2015年07月15日　　行业分类：商业

电子发票号码：08518 78095 88556 12140				
付款方识别号（证件号）：				
付款单位（个人）：个人				
项目	单位	数量	单价	金额
植村秀shu uemura 卸妆油（清新型）450ml	全新均效洁 件	1	553.00	553.00

金额（大写）：伍佰伍拾叁圆整　　　　　　　￥553.00
开票单位名称：唯品会（湖北）电子商务有限公司
备注：订单号：15061600548052
开票人：唯品会

图3-6　试点阶段电子发票（湖北）

（二）全面推广

2015年1月1日，国家税务总局在全国范围内推行增值税发票管理新系统。2015年8月，北京、上海、浙江和深圳组织开展了新系统电子发票的试运行工作。2015年11月26日，在四地试运行的基础上，国家税务总局发布"84号公告"，电子发票正式进入"全面推广"阶段。

迄今为止，"84号公告"是我国电子发票问世以来意义最为重大、影响最为深远的政策文件，它的标志性意义在于：第一，在我国"营改增"全面推行和电子发票前期试点的背景下，确定在增值税普通发票领域率先推广电子发票，并统一定名为"增值税电子普通发票"；第二，废止各地税务机关在试点阶段的原电子发票系统。由国税总局在增值税发票管理新系统的基础上完成开发了增值税电子发票系统，在全国范围内统一推行，并公布了票样、系统实现方案和接口规范；第三，文件明确规定"增值税电子普通发票的开票方和受票方需要纸质发票的，可以自行打印增值税电子普通发票的版式文件，其法律效力、基本用途、基本使用规定等与税务机关监制的增值税普通发票相同"。至此，一直困扰着电子发票的报销问题，首次在政策层面上获得了解决依据。详见图3-7、图3-8。

自2015年11月26日"84号公告"发布之日起，我国电子发票经历了一次系统性变革，由之前"各自为政"的地方模式改为全国统一的增值税发票管理模式，越来越多的企

第三章 我国电子发票的产生和发展 45

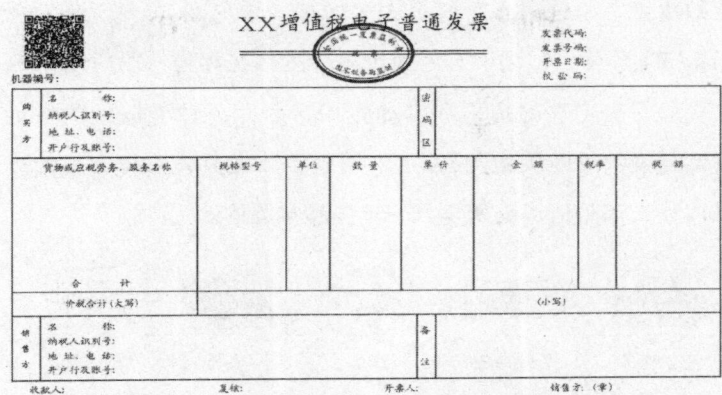

图3-7 "84号公告"中的"增值税电子普通发票"票样

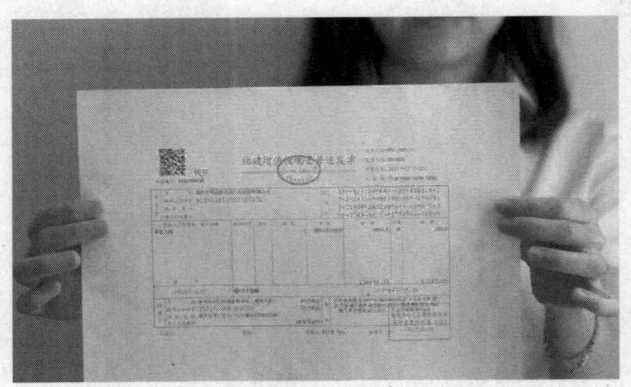

图3-8 打印增值税电子普通发票版式文件

业开始陆续开具和接收电子发票。在此基础上,电子发票在公告发布后的一两年时间里,出现了一波推广的高潮。根据国家税务总局的统计数据显示,截至2016年年底,全国共有9万户纳税人开具了7亿多张增值税电子普通发票,在不同行业的覆盖率相较试点阶段也大大增加。详见图3-9。毫无疑问，"84号公告"的颁布，对于电子发票在相当一段时间内的发展起了决定性的指引和推动作用，因此，对于每一个电子发票相关领域的从业人员，"84号公告"尤其是公告相关的技术内容，都是值得反复学习、思考和掌握的。

图3-9 当前电子发票在一些行业中的应用

三、定义和相关概念

（一）定义

令人遗憾的是，虽然电子发票在我国已经走过了5个春秋，但至今在国家层面上发布的政策文件中，笔者仍未找到关于电子发票的"官方定义"。2017年7月28日，国家税务总局官方微信公众号发表了一篇题为"电子发票提升我国税收治理能力"的文章。在文章中，作为当前电子发票政策主管部门的国家税务总局货物和劳务税司负责人将电子发票定义为：

现代信息社会的产物,是在购销商品、提供或者接受服务以及从事其他经营活动中,开具、收取的数据电文形式的收付款凭证。

在相当一段时间里,对于"电子发票是什么"这一问题,人们有着各式各样的答案。比如,在试点阶段,很多人鉴于当时电子发票应用相对局限的特点,将其狭隘地理解为只针对电子商务企业、专门为解决"向电商征税"这一难题而生的"发票"。而日后电子发票在各行各业得到了广泛应用,以有力的事实驳斥了这一错误观点,近年来已鲜有提及。还有一种观点,认为电子发票只是单纯的无纸化发票,而忽略了对应整个发票管理体系电子化的必要性。实际上,电子发票不单单是发票载体的电子化,更是发票使用和管理流程的电子化,包括申领、开具、查验、报销、入账、归档等各个环节,是一套涉及多方的系统工程。事实告诉我们,当旧的纸质发票管理体系与电子发票进行"生搬硬套"相结合时,带来的只有效率降低和资源浪费的进一步加剧。

从本质上讲,电子发票是一串"看不见、摸不着"的计算机字符,是一条采用了电子签名技术、依靠网络进行流转的电子信息。基于我国现阶段的信息化水平以及传统发票在人们心目中的根深蒂固,才衍生出"84号公告"中提到的"电子发票版式文件"这一概念。所谓电子发票版式文件是指,将"看不见、摸不着"的电子发票转化为一张从外观上几乎与传统纸质发票"一模一样"的可视化文档（普遍采用 PDF 格式），我们可以把它形象地理解为电子发票的"马甲"。事实上，早在试点阶段人们就已经习惯于将电子发票展示为类似的图片式文档发送给消费者。而在"84 号公告"中，更是明确地将打印电子发票版式文件赋予了与纸质发票相同的法律地位和使用效力，对于电子发票一直以来面临的报销难题，无疑提供了一种比较直接的解决方案。同时，从当前大部分人的认知程度上讲，也许只有在看到这张类似于纸质发票的图片时，才会视为电子发票最终的接收。详见图 3-10。

✗ 是某种发票的名称	✓ 是发票形态的统称
✗ 专指增值税电子普通发票	✓ 率先在增值税普通发票领域推广，日后会逐渐应用至其他票种、税种
✗ 电子发票就是打印版式文件	✓ 版式文件是当前电子发票的一种展示形式
✗ 仅仅是无纸化发票	✓ 不仅是载体的无纸化，更是使用和管理流程的电子化

图 3-10　电子发票四"是"四"不是"

（二）电子签名

就像上章所讲到的那样，虽然电子发票是发票由纸质载体向信息载体飞跃式的转变，但其发票的属性并没有改变，尤其对于当前推行的增值税电子普通发票，其产生原理、运作机制和管理体系与纸质增值税普通发票如出一辙。但当发票由实实在在的一张纸变为了"虚无缥缈"的电子信息，就需要从技术层面上确保它在网络流转过程中的真实有效与不可篡改。因此，电子签名技术的运用是当前电子发票与纸质发票的核心区别之一。

20世纪90年代，随着互联网的蓬勃发展，电子商务在全球各地陆续兴起，日益得到广泛应用。作为一种全新的商业模式，传统法律已不能解决电子商务交易过程中所面临的一系列问题。比如，在传统商业行为中经常出现的"合同签署"环节，就需要双方对纸质合同进行签名、盖章用以确认身份和表示接受、认可合同条款。而对于脱离了纸质载体、以数据电文作为交易记录的电子商务，如何确定这些电文具有法律效应，以及在虚拟的网络交易中如何应对潜在的信用障碍和安全隐患，其关键都在于确立与电子商务相匹配的签名方式。在这种背景下，以美国为首的西方国家在2000年前后陆续颁布了适用于各国的电子签名法案。2005年4月1日，经全国人大审议通过，我国正式实施《中华人民共和国电子签名法》，该法在促进我国电子商务健康发展的同时，从根本上也为电子发票的存在提供了法律依据，使其日后的使用和推广成为可能。详见图3-11。

电子签名是现代认证技术的泛称，它并非书面签名或盖章的简单图像化。在我国颁布的《电子签名法》里，将电子签名定义为：

数据电文中以电子形式所含、所附用于识别签名人身份并表明签名人认可其中内容的数据。

图 3-11 《中华人民共和国电子签名法》

而这个定义是较为广义的电子签名概念,即凡是在电子通讯中能起到证明当事人身份和当事人对通讯内容表示认可的电子技术手段,都可被称作电子签名。而狭义的电子签名仅指数字签名(digital signature),即采用了非对称密钥加密技术制成的电子签名,是目前较为成熟和广泛应用的签名技术。电子发票正是运用了这一技术,使它在网络中的流转中获得了安全有效的保障。

(三)组成要素

电子发票的本质是一串计算机字符,而版式文件将其展示为人们能够读懂的"语言"。目前所有的增值税发票均由增值税发票管理新系统所开具，因此电子发票也几乎完全继承和延续了增值税（纸质）发票的组成要素，我们以版式文件为例，把它划分为九大部分，逐一进行简要说明。

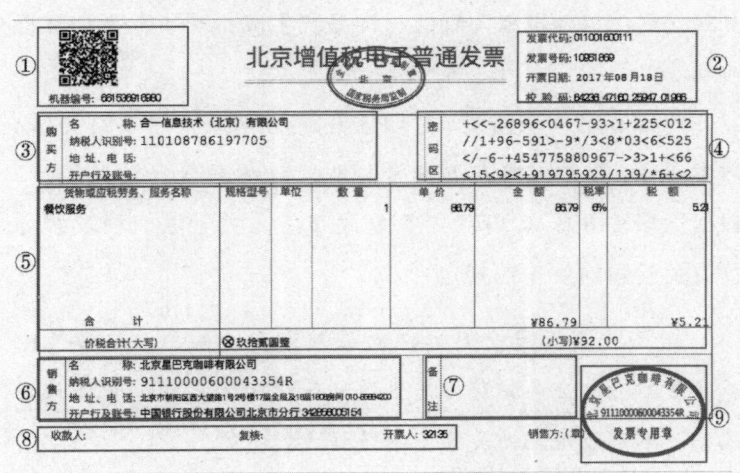

图 3-12 增值税电子普通发票的组成要素

机器编号与二维码（见图 3-12①）：机器编号代表开具这张电子发票的税控设备（金税盘或税控盘）编号。二维码由电子发票服务商生成，包含了发票的主要票面信息，使用对应服务商开发的扫码工具即可进行扫描、识别。

发票代码、号码、开票日期、校验码（见图 3-12②）：发票代码和号码是由国家税务总局编制，专门用于识别和管理增值税发票的编码规则。代码、号码通过发票的发售环节存储于税控设备，当两者结合时即可确保发票的唯一。其中代码为12位，第1位统一为0，第2至第5位代表省、自治区、直辖市和计划单列市，第6至第7位代表年度，第8至第10位代表批次，第11至第12位代表票种（11代表增值税电子普通发票）；号码为8位，按年度、分批次进行编制。开票日期由税控设备内置的时钟系统生成，开票方无法自行改动。

购买方信息（见图3-12③）：包括名称（即人们常说的发票抬头）、纳税人识别号、地址电话和开户行及账号。根据国家税务总局2017年5月发布的《关于增值税发票开具有关问题的公告》规定：

自2017年7月1日起，购买方为企业的，索取增值税普通发票时，应向销售方提供纳税人识别号或统一社会信用代码。不符合规定的发票，不得作为税收凭证。

因此，对于增值税电子普通发票，购买方名称与纳税人识别号两项属于必填内容。

密码区（见图3-12④）：验证发票真伪的重要依据。通过税控设备内存储的加密算法对发票的代码、号码、金额（不含税）、税额、开票日期和购销双方纳税人识别号共7项要素信息进行加密，形成108位的密码区密文。当需要验证发票真伪时，税务机关通过解密密文即可得到7项要素的明文信息，再与发票票面信息进行比对，如一致则可确定发票为真。

商品明细、价格与数量（见图3-12⑤）：增值税发票票面采取了金额（不含税）、税额分开展示的形式以便于购、销双方计算和抵扣增值税税额，其中最下方的合计金额为销售方的实际收取金额。

销售方信息（见图3-12⑥）：包括名称、纳税人识别号、地址电话和开户行及账号。其中名称与纳税人识别号两项自动从税控设备读取，地址电话与开户行及账号需开票方自行配置。

备注（见图3-12⑦）：备注栏是发票上填写辅助和说明内容的区域，由开票方在合法合规的前提下自行掌握。随着营改增的全面推行，国家税务总局针对一些行业的特定业务，明确提出了备注栏的填写要求，使其重要性日益得到提高。

收款人、复核、开票人（见图3-12⑧）：根据《中华人民共和国发票管理办法实施细则》规定，"开票人"属于发票的基本内容，不可缺少。收款人、复核两项根据企业自身情况填写，非必填选项。

电子签章（见图3-12⑨）：电子签名的一种表现形式，即利用图像技术将电子签名转化为传统发票专用章的可视化效果，便于人们的理解和接受。而其背后真正的电子签名则保障了信息在流转过程中的真实完整性以及签名人的不可抵赖性。

以电子发票版式文件为例，用Abode Reader打开版式文件,点击右下方的发票专用章图像,出现下图对话框。对话框提示文档自应用签名以来未被修改,但由于本机未对发行签名的数字证书进行信任,因此无法识别签名者身份。我们继续点击对话框中的"签名属性"。详见图3-13。

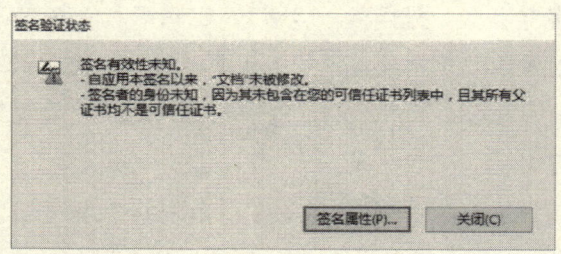

图3-13 "电子签名"的操作(1)

出现下图对话框,点击"显示签名者证书"。详见图3-14。

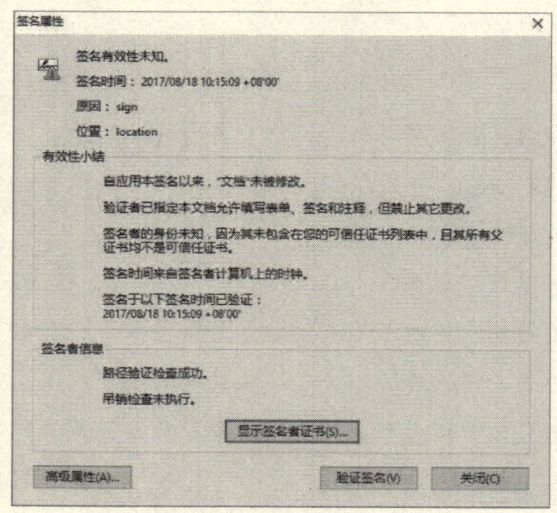

图3-14 "电子签名"的操作(2)

出现下图对话框,点击"添加到可信任证书",将发行该电子发票的数字证书添加至可信任证书列表。详见图3-15。

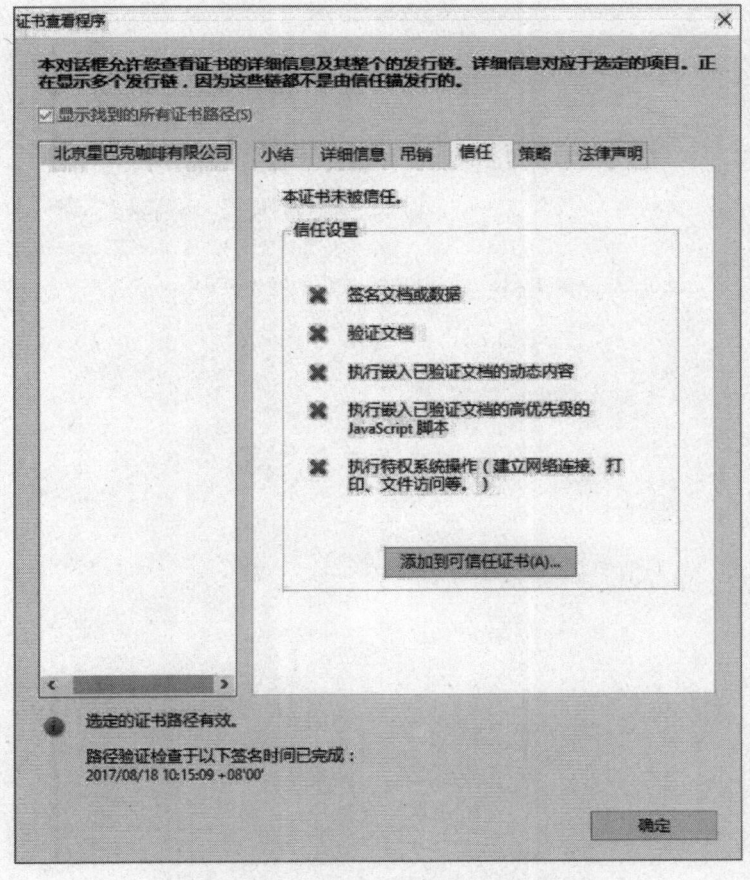

图3-15 "电子签名"的操作(3)

添加完成后，重新点击版式文件中的发票专用章图案，即可得到确认签名者身份的完整签名信息，见图3-16。

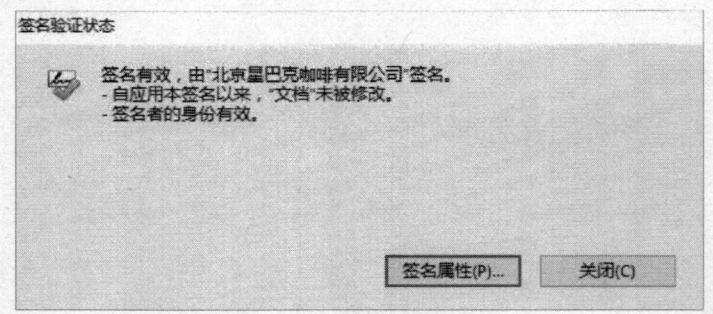

图3-16　"电子签名"的操作（4）

第四章 电子发票的开具

自 2013 年 6 月 27 日我国第一张电子发票诞生到如今,在这 5 年的时间里,所谓电子发票的推广主要是指其在开具端的应用和普及。相较于报销领域的"停滞不前",通过几年的探索,从广度和深度上讲,电子发票的开具都取得了长足的进步,无论是上线电子发票的企业数量还是实际开出的电子发票张数,都得到了较大发展。目前结合不同的企业信息化水平和发票开具场景,均已衍生出了与之对应、匹配且较为成熟的电子发票开具解决方案,并在一些行业中得到了广泛应用。

总的来说,目前电子发票在开具端保持着"红红火火"发展势头的同时,也存在着一些不和谐的声音。长期以来,大部分企业还是习惯借助于服务厂商的力量,实现自身电子发票开具系统的建设和上线。在这一过程中,某些电子发票服务厂商利用新生事物在前期信息不透明、不对称的特点,出现了漫天要价、搭桥收费等一系列损害纳税人利益的现象,使部分企业在享受电子发票便利的同时,不得不为其支付高昂的费用。在本章内容中,让我们揭开电子发票开具的

"神秘面纱",就其原理以及目前市面上常见的几种电子发票开具模式,一一展开讨论。

一、电子发票开具模式

作为我国电子发票领域最为重要的政策文件,"84号公告"附件2中内容"增值税电子发票系统技术方案"对于电子发票的数据生成有着这么一段描述:

电商等用票量大的企业可选用服务器版税控开票系统以满足企业大量集中开票需求。票量小的企业可使用单机版税控开票系统完成电子发票开具及电子数据生成。

在电子发票的实际推广过程中,依托于"84号公告"中所提到的"服务器版税控开票系统"和"单机版税控开票系统",各电子发票服务厂商以发票开具数量为主要衡量标准,面向纳税人推出了三种电子发票开具模式:单机模式、前置服务器模式和托管模式,而这三种模式也基本代表了目前开具电子发票的所有手段。详见图4-1。

图4-1 电子发票三种开具模式

（一）单机模式

单机模式是企业以现有金税盘或税控盘作为硬件基础，结合安装于用户本地的开票软件所形成的一种普遍适用于广大纳税人的电子发票开具模式。如第二章内容所示，金税盘、税控盘统称为税控设备，是当前开具增值税发票不可或缺的组成部分，其运行机制主要包括以下环节："税务机关将发票代码、号码等载入设备→纳税人通过开票软件输入发票要素信息，并与存储在设备中的号码、代码、加密算法相结合，形成完整的发票数据→发票数据被保存至税控设备，并由设备内置的数字证书对其进行签名，上传至税务机关生成增值税发票电子底账"。

如果说税控设备是增值税发票开具系统的"心脏"，那么开票软件就是负责发号施令的"大脑"，通过二者的有机结合，形成了开具增值税发票的必要条件。以两家税控设备研发单位所提供的"标准版"增值税发票税控开票软件为例，目前均已加入了电子发票开具功能，纳税人通过一套软件即可完成纸质发票和电子发票的一体化开具。而这些界面式的开票软件大多以单张录入和批量导入作为主要功能，用于满足广大纳税人较为基础的开票需求。顾名思义，单张录入是指用户通过开票软件手动输入和配置发票要素信息的过程；批量导入是指用户手动将多张发票的要素信息，以规定格式粘贴至开票软件所提供的文本模板，再由开票软件对文本进行读取，即可按格式获取到对应每张发票的要素信息，从而实现批量化的电子发票开具。详见图 4-2、图 4-3。

图 4-2　某电子发票服务厂商的开票软件截图（单张录入）

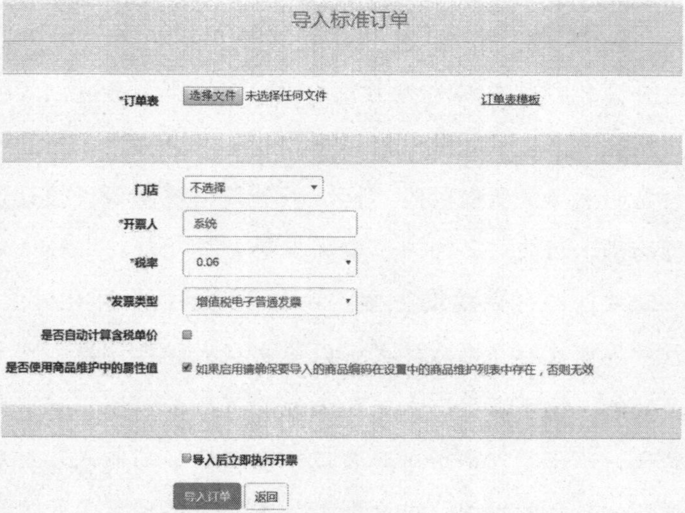

图 4-3　某电子发票服务厂商的开票软件截图（批量导入）

一直以来，单机模式凭借其"短、平、快"的上线特点，在电子发票的开具过程中处于绝对的主导地位，为电子发票在全社会的快速普及和推广立下了汗马功劳。虽然缺乏确切的统计数据，但笔者相信目前95%以上的电子发票用户均采用了这种开具模式。它的优点主要集中在简单、易用，提供了近似"即插即用"的体验，没有额外的成本负担，能够满足绝大多数小微企业的开票需求。但其局限性也同样明显，以人工为主导的开票方式存在着严重的效率瓶颈和响应滞后，并不适合信息化程度较高、开票量较大的企业，同时也很难与快节奏、强调用户体验的电子商务进行有效结合。

从成本的角度上讲，单机模式有着巨大优势。广大增值税纳税人持现有税控设备前往税务机关完成电子发票的申请和办理，再与服务厂商进行简单的沟通和备案后即可进行开票。目前市面上除去两家税控设备服务单位，其他一些电子发票服务商也纷纷推出了各自的单机版开具产品，其中不乏兼容性更高、功能性更强的"后起之秀"，为用户提供了一定的选择空间。

（二）前置服务器模式

与面向广大小微企业的单机模式正好相反，前置服务器模式的适用对象是那些分支机构众多、开票量巨大的集团性企业。由上文可知，金税盘、税控盘不仅是开具增值税发票的必需品，更在整个开票过程中承担了相当的存储和运算功能。而对于那些发票开具量较大尤其是单位时间内开票量奇高的企业来讲,单个金税盘或税控盘的支撑能力就显得捉襟见肘,无法胜任了。据统计数据显示,仅在 2016 年 11 月 11 日"光棍节"当天,京东商城的订单量就超过了 3 200 万单。显而易见,对于这种集中、海量式的发票开具量而言,仅凭单个或几个金税盘、税控盘的存储与运算能力,已远远无法满足需求。

基于这种情况,两家税控设备研发单位航天信息和国家信息安全工程技术研究中心在各自产品体系的基础上,均推出了"税控开票服务器"这一衍生品。所谓税控开票服务器,可以简单将其理解为金税盘或税控盘的"增强版",即采用高性能硬件服务器与多个服务器版金税盘或税控盘相结合的方式,专门用于满足一些企业开具发票量大、并发量高、开票点多的使用需求。作为单机版金税盘、税控盘的一种补充和增强,两家税控设备研发单位面向市场上的高端用户推出了多个型号的税控开票服务器,通过长期的售卖获取了异常可观的高额利润。详见图 4-4。

图 4-4 税控开票服务器(国家信息安全工程技术研究中心)

税控开票服务器的出现使海量级的发票开具获得了硬件基础，同理，与之对应的开票软件也发生了变化。很明显，与税控开票服务器相匹配，无论是手工录入还是批量导入的方式都已经属于天方夜谭，人工已远远无法满足这个量级的发票开具需求，那么如何通过信息化手段实现发票的自动开具呢？我们还以京东为例，其购物流程主要包括：登录账户→选择商品→结算（包括填写收货信息及发票信息等）→支付。当这个流程完成后，京东商城就会自动产生一条包含了交易商品明细、金额和购方信息的订单数据，存储于企业的后台系统，后台系统通过 API 将开具发票所需的数据自动传输至税控开票系统，从而形成完整的发票。

在这个过程中，API 作为连接企业系统与税控开票系统之间的桥梁，实现了系统级的数据对接，达到了自动批量式的发票开具。应用程序编程接口（application programming interface，简称为 API），也就是人们常说的"接口"，可能很多人都听说过这个概念，但并不了解其具体含义。简单地说，API 是一些预先定义的函数，用于程序之间的相互访问和调用。我们可以通过一个简单的例子来理解 API 的运作机制：假设消费者前往饭店吃饭，饭店采取了平板电脑（如 iPad）点餐的模式，消费者在平板电脑上点击、选取菜品进行下单，就可以坐等上菜。在这个场景中，平板电脑就起到了类似于 API 的作用，虽然消费者并不了解饭店的运作机制以及菜品的制作过程，但通过平板电脑向饭店发出了一条需求（点菜），并能得到了对应的反馈结果（菜品）。同理，企业系统将发票信息通过 API 自动传送至开票系统发起开票请求，开票系统接收信息生成发票并将结果进行回传。企业系统和开票系统在互不了解对方运行机制的情况下，通过 API 保持了一种高效的交互反馈机制，从而实现了发票的自动、批量式开具。

就成本而言，前置服务器模式的相关投入是高昂的。企业在购买税控开票服务器等专用设备的同时，还需提供额外的通用服务器供服务厂商部署一系列电子发票开具和管理软件。此外，在自身系统的基础上，企业另需协调专门的技术人员对服务厂商提供的 API 规范进行对接和联调测试。相较于单机开具模式的"即插即用"，前置服务器模式的整个上线时间通常需要几个星期不等，投入金额至少在 6 位数以上。

（三）托管模式

从成本角度的出发，托管模式是一种基于前置服务器模式而产生的折中方案，用户可采取租用而非直接购买税控开票服务器的方式，实现快速批量式的电子发票开具。由于税控开票服务器具有支持多个税控设备同时进行开票的特点，使这种"成本均摊式"的开具模式成为现实。目前，很多介于单机模式和前置服务器模式之间的"中间型用户"，均采用了这种性价较高的电子发票解决方案。托管模式的上线步骤主要包括以下环节：

第一，纳税人前往税务机关申请电子发票开具资格，购买服务器版税控设备，并由税务机关将开具电子发票所需的信息载入设备；

第二，纳税人将服务器版税控设备送交至电子发票服务厂商，服务厂商将其配置于自有的税控开票服务器，同时将连接开票系统的 API 文档发送至纳税人；

第三，纳税人完成 API 的对接、联调，通过互联网远程向服务厂商的开票系统发送开票信息；

第四，开票系统接收信息，调用税控开票服务器生成发票，并将开票结果回传至纳税人。

由此看出，托管模式在不产生大量硬件成本的前提下，实现了快速、批量式的电子发票开具，在单机模式和前置服务器模式的"两极分化"之中找到了一种平衡。用户一次性完成 API 的开发和联调测试后，即可一劳永逸地实现自动化的电子发票开具流程，为企业节省了大量的成本，也带来了良好的开票体验。同时，税控设备和开票系统集中部署于服务厂商的做法，也能使用户从日常的软件、硬件维护之中解脱出来。对于具有一定信息化水平的纳税人来讲，是一种普适性极强的电子发票开具模式。

二、电子发票服务平台

(一) 产生背景

由第三章内容可知，电子发票是以信息为载体、以版式文件作为展示形式的一种发票形态，相较于传统纸质发票，其流转过程也发生了根本性改变。以纸质发票为例，通过税控开票系统形成完整的发票数据后，将其打印至预印的专用纸质载体上并盖章，即可以"实物"的形式进行流转。而对于"虚无缥缈"的电子发票，它的开具、流转、报销、入账等环节涉及全国区域内各类使用发票的单位和个人，单靠一套或几套电子发票开具系统显然无法满足其各个环节的使用需求。只有通过建立一个功能完备、性能优越和覆盖海量用户的集中平台，才能支撑起电子发票在互联网上的整体流转和应用。因此，在电子发票诞生之初，就衍生出了"电子发票服务平台"的这一重要概念。

(二) 现状

现阶段对于电子发票服务平台的具体定义和技术标准，还没有明确的文件进行说明。从实际操作的层面上讲，通过几年的发展，目前我国已基本确立了以第三方电子发票服务平台为主干的电子发票运行模式。顾名思义，第三方电子发票服务平台是指由具有一定公信力的第三方主体所建立的电子发票服务平台。从当前市场上大部分电子发票服务平台的运行情况来看，其主要作用包括：

第一，为纳税人提供电子发票开具服务。上文中提到的三种电子发票开具模式，即当前各电子发票服务平台面向市场的主推产品。通过开票软件中自定义的数据上传路径，各电子发票服务平台向纳税人提供开具服务的同时，获取了源源不断的数据来源，形成了第三方电子发票服务平台赖以生存的数据基础。

第二，版式文件的生成、签名、存储、推送、查询和下载。在开票软件形成完整的发票数据之后，将数据上传至所属的电子发票服务平台，由平台将数据转化为可视化的版式文件并对其签名，从而确保了电子发票在流转过程中的真实、有效和不可抵赖性。在完整的版式文件生成后，服务平台对版式文件进行永久保存，同时通过短信、邮件、微信等方式将开具结果推送给消费者，从而完成了发票的传递。

由此可见，电子发票服务平台不仅在电子发票的开具和生成过程中扮演了重要角色，更起到了连接广大电子发票使用单位和个人的桥梁作用。各第三方电子发票服务平台以向纳税人提供开具服务为手段，完成了发票数据的集中化归集和管理，为电子发票在日后更深入的应用尤其是电子形式的报销入账提供了可能。同时，第三方电子发票服务平台在遵循着"政府监管、市场化运作"的指导思想下，调动了丰富的社会资源参与到我国的税收体系建设中，为提高纳税服务水平、改善征纳关系起到了重要的创新推动作用。详见图4-5。

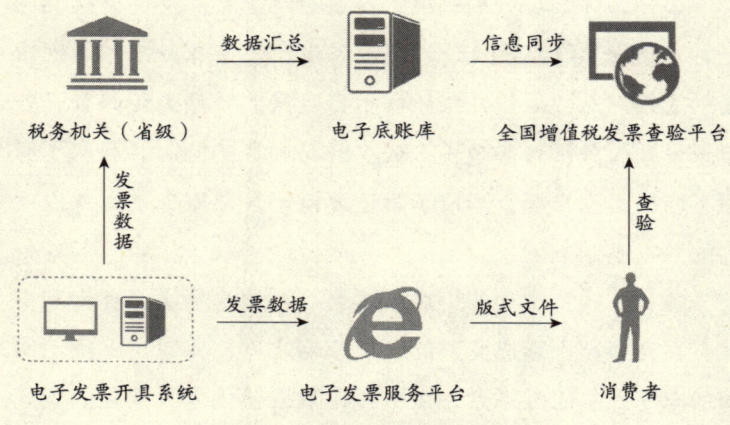

图 4-5　电子发票开具流转示意图

（三）主要服务平台介绍

1. 航天信息——51 发票

51 发票是航天信息股份有限公司面向企业和社会公众搭建的全国性电子发票服务平台。作为税控服务领域资深的老牌单位，航天信息凭借其体制内企业和税控设备提供商的双重身份，在电子发票的市场推广中迅速占据了主导地位。相比其他的电子发票服务厂商，航天信息依托于税控设备的销售和服务，拥有着先天性的成本优势和收入保障。该平台率先面向广大小微企业推出了免费版的单机开具模式，在金税盘庞大的用户数量支撑下，很快便获得了较高的市场份额。总的来说，依靠多年在税控服务领域积累的优势和经验，航天信息在当前的电子发票推广尤其是推广占有率上，具有较大的领先优势（见图 4-6）。

第四章　电子发票的开具 | 69

图4-6　51发票平台页面（www.51fapiao.cn）

2. 百望股份——百望云

百望股份（有限公司）成立于2015年5月4日，致力于打造中国最大的发票云生态企业，是国内领先的"互联网+税务"促进者。借助于"营改增"的政策红利，百望股份在短短几年之内取得了迅速发展，在金融、保险、酒店、零售等行业积累了丰富的客户服务经验，拥有中国人寿、中国人保、万达集团、滴滴出行等一批大型集团性用户，目前已经成长为我国领先的税务信息化解决方案提供商。（见图4-7）。

3. 东港股份——瑞宏网

作为长期致力于票据、单证印刷的上市公司，东港股份有限公司凭借先发优势介入了电子发票的市场推广，是我国最早投入到电子发票平台建设的服务厂商之一。从2013年6月27日第一张电子发票的开出，到前期试点阶

图 4-7　百望云平台页面（www.baiwang.com）

段的模式探索，再到如今增值税电子普通发票的全面推广，东港见证了我国电子发票一路走来的每个足迹。公司旗下的电子发票服务平台——瑞宏网依靠专业化的深耕，积累了包括小米科技、国美在线、特斯拉（中国）等一批颇具影响力的用户群体。

从全国增值税普通发票的印制单位到增值税电子普通发票的服务厂商，东港股份在电子发票领域的探索是我国传统企业凭借市场机遇进行自身产业升级、转型的一个典型案例。作为长期以来封闭性较强的税控服务领域，纳税人在相关产品的选择上并没有太大余地。只有通过引入良性的市场竞争机制，才能从根本上提升我国税收信息化建设水平和纳税人服务满意度。因此，在国家相关部门的监督和指导下，我们期待着更多像东港股份这样的企业能够投入到我国电子发票的建设和推广大潮中（见图 4-8）。

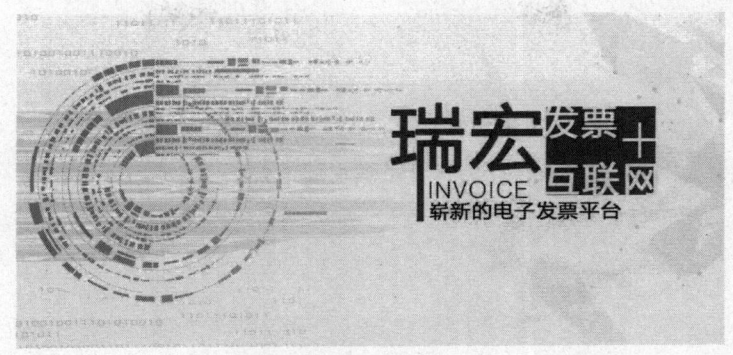

图4-8 瑞宏网平台页面（www.e-inv.cn）

4. 用友集团——用友税务服务云

作为本土最知名的 ERP 系统供应商,"用友"在中国软件业是个耳熟能详的名字。相较于其他长期围绕着"发票"提供专业服务的精细化厂商,用友介入电子发票推广的时间相对较晚,直至 2016 年上半年才建立了以大数据云服务为特征的电子发票服务平台,并推出了相关的开票解决方案。

与其他电子发票服务厂商相比,用友拥有庞大的企业端 ERP 用户。从整个电子发票使用的闭环管理上讲,用友税务云是当前最容易帮助用户实现电子发票在所有环节流转和应用的服务平台。依靠多年的系统集成经验、庞大的用户群体和较为完善的代理商体系,用友的"触角"正在从发票接收端的使用环节逐渐向上游蔓延。我们期待着用友作为真正的电子发票一体化服务商,在我国电子发票体系的建设和推广中能有更加亮眼的表现（见图4-9）。

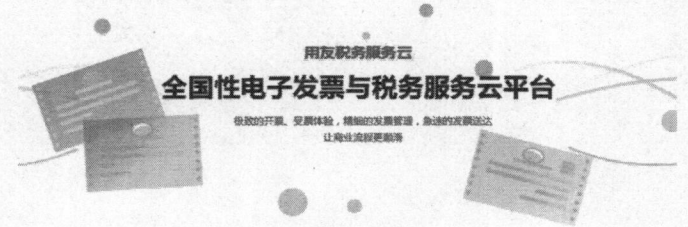

图4-9 用友税务服务云平台页面（www.piaoeda.com）

三、案例

通过几年的探索，结合不同行业的特点和发票使用场景，目前电子发票已经衍生出几种较为成熟的开具解决方案。我们以线上的京东商城和线下的麦当劳餐厅为代表，举例说明当前电子发票与不同消费购物场景之间的融合。需要指出的是，无论电子发票的开具过程在前端以何种形式与消费者进行交互，其开具和生成原理都基本依赖于上文介绍的三种电子发票开具模式。

（一）京东商城的电子发票

根据京东商城的购物场景，其电子发票开具为如下几步：

第一步：消费者登录京东商城进行商品选取（详见图4-10）。

第四章 电子发票的开具   73

图4-10 京东商城电子发票开具过程(1)

第二步：选取完成后进入"结算页"，选择和填写开具发票的种类以及相关信息（详见图4-11）。

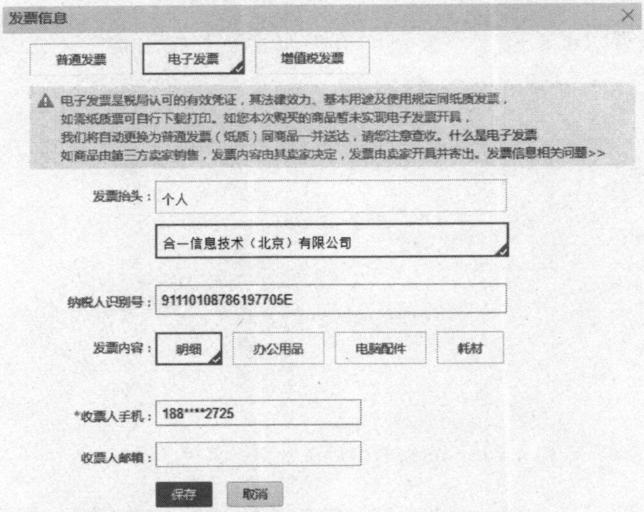

图4-11 京东商城电子发票开具过程(2)

第三步：提交订单并完成支付，京东商城通过物流将商品送交至消费者。在确认商品妥投之后，消费者登录京东商城点击"我的订单"，选取"订单详情"，点击"查看发票详情"（详见图 4 - 12）。

图 4 - 12　京东商城电子发票开具过程（3）

第四步：进入"发票详情"页面，扫描页面中的二维码或点击"下载电子发票"（详见图 4 - 13）。

图 4 - 13　京东商城电子发票开具过程（4）

第五步：即可获取完整的电子发票版式文件（详见图 4 - 14）。

第四章 电子发票的开具 | 75

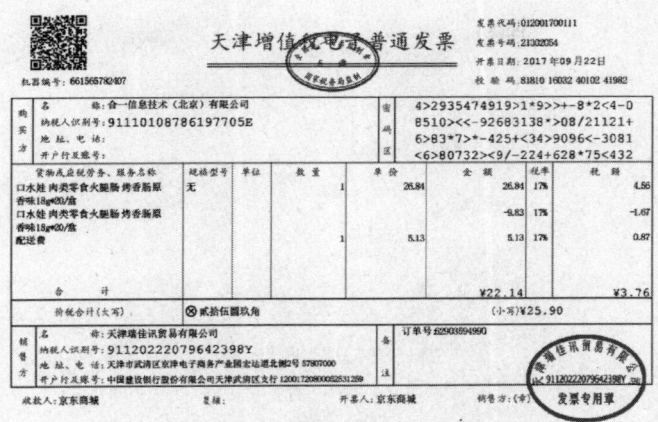

图4-14 京东商城电子发票开具过程（5）

（二）麦当劳的电子发票

"扫码开票"作为一种常用的电子发票开具实现方式，在我国线下的实体消费尤其是餐饮消费中得到了一定程度上的广泛应用。目前，以麦当劳、肯德基、星巴克、吉野家等为首的一批餐饮企业，在全国范围的部分门店中均向消费者推行了"扫码开票"的电子发票解决方案。

根据麦当劳的购物场景，其电子发票开具为如下几步：

第一步：以麦当劳为例，消费者在麦当劳实体门店中完成消费后，门店POS系统打出收据，收据下方带有与该订单相关联的二维码（详见图4-15）。

第二步：消费者使用微信"扫一扫"对二维码进行识别，自动跳转至"发票开具"界面。其中"名称"（发票抬头）、"税号"和"手机号码"由消费者输入，界面下方的"合计金额"和"餐饮服务"两项通过扫码自动获取并不可修改（详见图4-16）。

图 4-15 麦当劳电子发票开具过程（1）

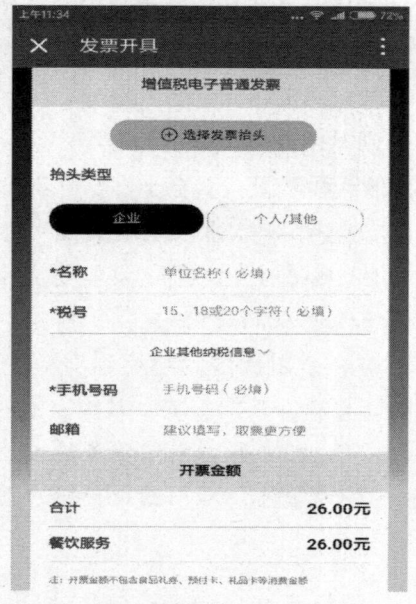

图 4-16 麦当劳电子发票开具过程（2）

第三步：输入完成后点击"申请开票"（详见图4-17）。

图4-17　麦当劳电子发票开具过程（3）

第四步：发票开具成功并自动保存至消费者的微信卡包。在"卡包—我的票卷"中点击对应发票（详见图4-18）。

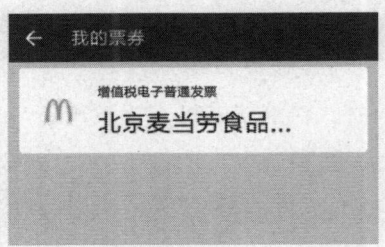

图4-18　麦当劳电子发票开具过程（4）

第五步：即可获取电子发票版式文件（详见图4–19）。

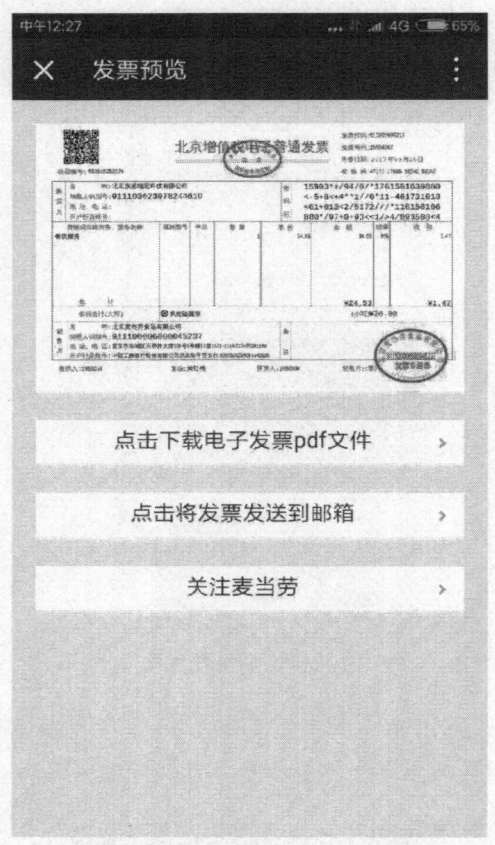

图4–19 麦当劳电子发票开具过程（5）

第六步：同时，在消费者提交开票申请后，系统会对该笔订单进行标记，当消费者再次扫码时，系统则会自动提示"已提交开票申请"，从而杜绝了出现一笔交易多次扫码开票的可能性（详见图4–20）。

第四章 电子发票的开具 | 79

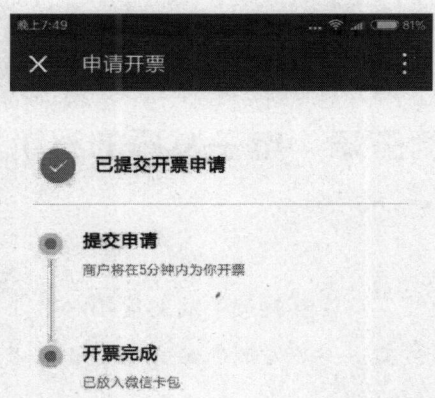

图4-20 麦当劳电子发票开具过程（6）

第五章　电子发票的报销

　　相较于电子发票在开具端不断的应用和普及，报销是当前困扰着电子发票进一步发展的最大难点和痛点。在笔者与市场的频繁接触过程中，"电子发票如何报销""如何避免电子发票重复性报销"等问题，一直都是广大纳税人最为关注的焦点。应该说，自诞生之日起，电子发票"开具容易、报销难"的问题就始终贯穿于其整个发展过程，至今仍是行业乃至全社会所面临的难题。

　　从理论上讲，电子发票的报销很方便，它网络化、无纸化，以数据信息的形态进行流转，能够有效避免传统纸质发票在保存和使用上的不便。但在实际操作中，我国几乎所有的企业都是以"84号公告"的文件内容作为依据，将电子发票版式文件打印至纸质载体进行报销。而采取这种方式所产生的一系列问题也令人始料不及，在某种程度上与传统纸质发票相比，它甚至是一种倒退。

　　作为发票流转的关键性环节，报销是整个电子发票推广中无法逃避的组成部分。如果说电子发票在报销端的应用不能得到高效、顺畅的解决，那么它只能是一个不完整的"半成品"。因此,在报销领域有所突破不仅是全面普及电子发票的必要条件,更在某种程度上决定了我国下一阶段电子发票推广工作的"成败"。在本章中,我们先就目前电子发票在报销端的使用情况,进行一个简单的阐述。

一、纸质发票的报销流程

在进入电子发票报销的具体描述之前,我们先就目前纸质发票的报销流程,进行一个简要的说明。

首先,单位员工填写报销单,将所需报销的发票附于报销单之后,完成签审流程并提交至财务部门。由财务部门对凭证的真实性、完整性、合法性进行审核,其中报销单的审核包括:填写信息是否准确、相关审批人员是否签字或盖章等。对于发票真伪的审核,则需财务人员登录对应税务机关的发票查验网站进行确认(见图5-1、图5-2)。

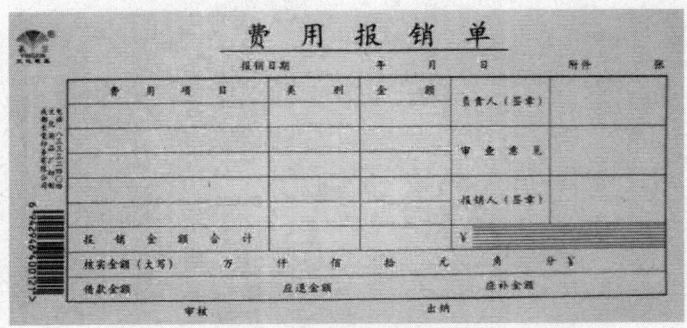

图5-1 报销单样例

82 | 读懂电子发票

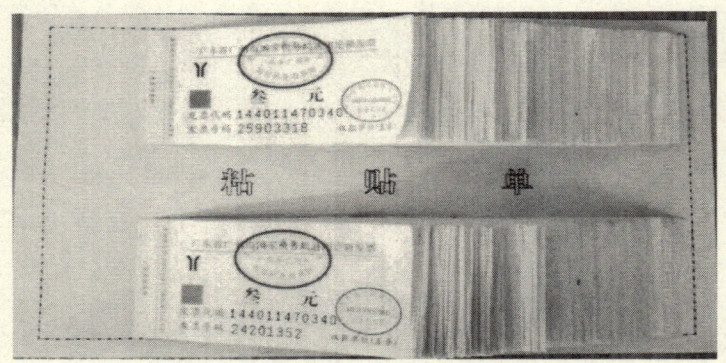

图 5-2　报销单后附发票样例

在凭证审核无误后,财务人员向报销人员打款,并在记账软件中对该笔费用进行登记。同时,记账软件生成记账凭证,财务人员打印记账凭证,将对应的报销单与发票附于记账凭证之后,再由相关人员审核并逐一签字(见图 5-3)。

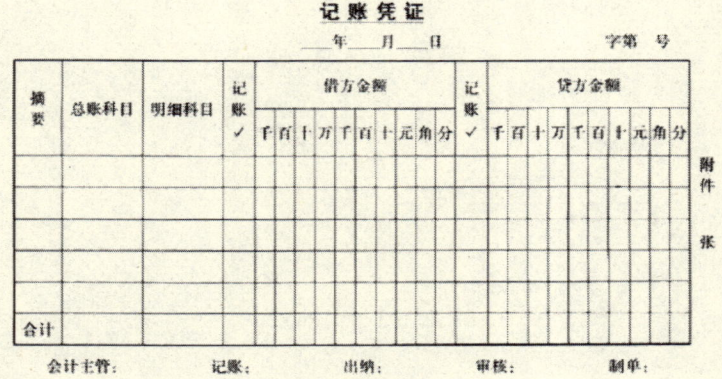

图 5-3　记账凭证样例

记账凭证形成后，各单位都必须在凭证的基础上设置和登记账簿，将分散在凭证上的大量核算数据，统一加以集中和归类，生成有用的会计信息，用于连续、系统地反映单位在一定时期内的经济业务情况，为编制会计报表、进行会计分析和审计提供主要依据（见图 5－4）。

凭证封面

年　月份　编号

单位名称	
凭证名称	
册　数	第　册共　册
起讫编号	自第　号至第　号止共计　张
起讫日期	自　年　月　日至　年　月　日

财会主管　装订

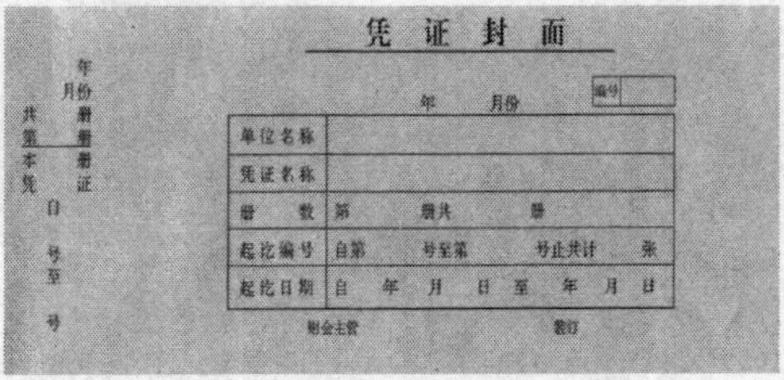

图 5－4　装订成册的会计凭证封面样例

单位的财务部门需要定期将各种会计凭证、会计账簿以及其他会计资料整理立卷，形成会计档案并编制保管清册。同时，在规定的时间内，将会计档案移交至单位的档案管理部门予以保管。根据我国《会计档案管理办法》规定，会计凭证、会计账簿的保管期限为 30 年（见图 5－5、图 5－6）。

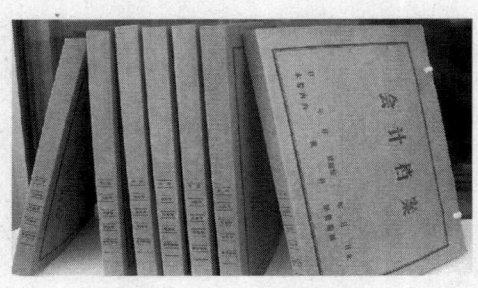

图 5－5　会计档案样例

图 5-6　某单位档案保管室

至此,一张发票在经历了"跋山涉水"的层层洗礼之后,最终到达目的地,以会计档案的形式完成了整个生命周期的流转。由此可见,我们可以把发票在报销端的应用主要归纳为"报销—入账—归档"三个环节。

二、当前的电子发票报销

现阶段,我国大部分单位针对电子发票报销所采取的处理方案,都是以"84 号公告"第三条内容"增值税电子普通发票的开票方和受票方需要纸质发票的,可以自行打印增值税电子普通发票的版式文件,其法律效力、基本用途、基本使用规定等与税务机关监制的增值税普通发票相同"作为政策依据,即以打印电子发票版式文件作为原始凭证进行报销。详见图 5-7。

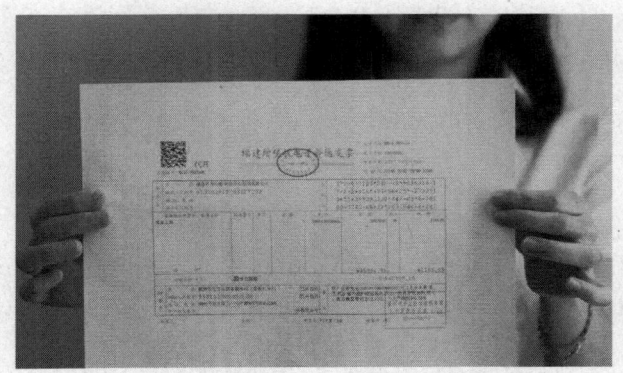

图 5-7 "84 号公告"中规定增值税电子普通
发票的版式文件,其效力与纸质发票相同

采用这种方式的电子发票报销流程,与上文描述的纸质发票报销流程如出一辙,但同时产生了一个新的问题,相较于纸质发票具有唯一性的特点,如何避免多次打印电子发票版式文件所带来的重复性报销风险?

针对这一问题,社会上各类单位有着不同的解决方案。有的单位基于这种潜在的财务风险,直接拒绝员工以任何理由提供电子发票作为报销凭证;有的单位则把责任推向了员工,要求其在报销电子发票的同时提交保证书,书面承诺"该电子发票只报销一次";更有一些单位基于当前接收电子发票报销数量还不多的现状,采取了来者不拒、无所作为的消极态度,不进行任何的相关操作和处理。而对于那些较为严谨、责任心较强的单位财务部门,则大多数采用了"人工建表"的方式来杜绝电子发票的重复报销风险。顾名思义，"人工建表"是指由单位财务人员建立电子表格，从第一次成功接收电子发票报销开始，就对其号码、代码进行登记（由第三章内容可知，通过发票代码、号码两者结合即可确定发票的唯一），这样在下一次接到电子发票报销申请时，先在表格中对发票的代码、号码进行检索，如无记录则可视为该电子发票在本单位从未进行报销。详见图5-8。

****公司电子发票报销台账

序号	发票代码	发票号码	凭证号	报销人	报销日期	备注
1	0110****0111	18919051	银支-5-0001	张三	2016/10/16	
2	0110****0212	18919052	银支-5-0002	李四	2017/10/17	
3	0110****0213	18919053	银支-5-0003	王五	2016/10/20	
4						
5						

图5-8 防止电子发票重复报销表格样例

显而易见，虽然这种"建表"的方式可以有效防止电子发票在本单位的重复报销，但整个过程以人工为主，且较为烦琐。随着电子发票报销数量的上涨，财务人员的工作量也势必大大增加。因此，基于这种解决思路，目前大部分电子发票服务厂商均推出了一款防止电子发票重复报销小工具，我们以某服务商的小工具为例，其操作步骤大致如下：

第一步：单位财务部门购入扫描枪并连接至电脑，在打开小工具的同时,对电子发票版式文件二维码进行扫描(见图5-9)。

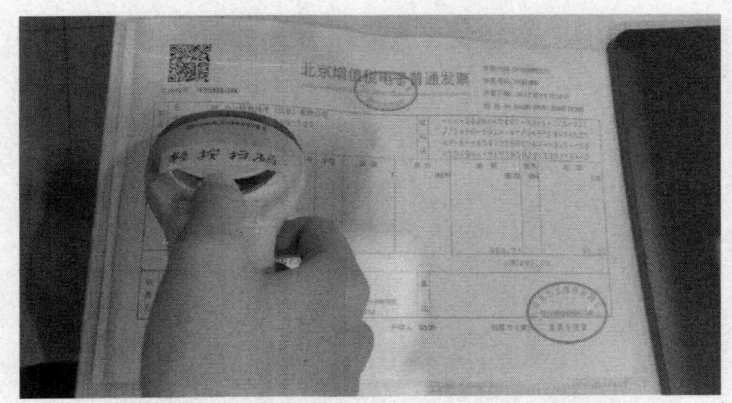

图5-9 防止电子发票重复报销小工具操作步骤(1)

第二步:扫描之后,小工具通过解析二维码自动获取到该发票的要素信息,包括代码、号码、金额、日期等(见图5-10)。

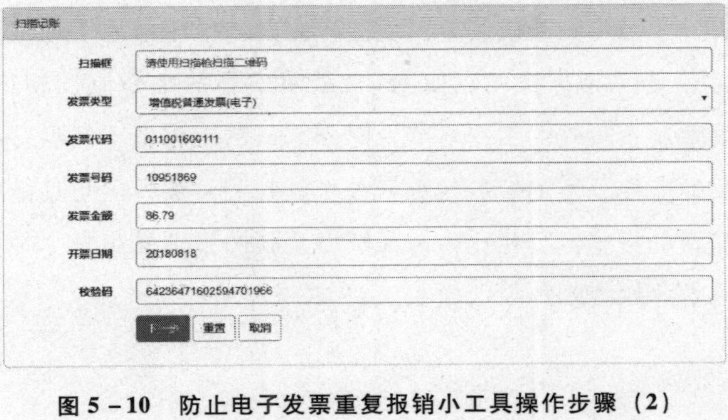

图5-10 防止电子发票重复报销小工具操作步骤(2)

第三步：点击"下一步"，小工具对扫描后的发票进行保存，并标记发票状态为"已记账"（见图 5-11）。

图 5-11　防止电子发票重复报销小工具操作步骤（3）

第四步：当再次扫描该发票时，小工具会自动提示"发票已经记账"（见图 5-12）。

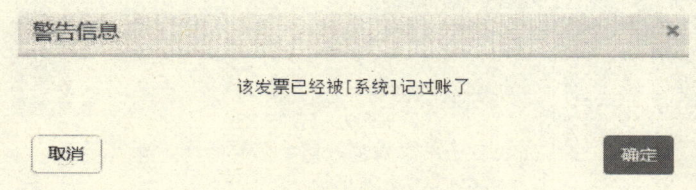

图 5-12　防止电子发票重复报销小工具操作步骤（4）

由此可见，通过扫描枪与小工具的搭配，代替了"建表"过程中的人工录入和检索，提高工作效率的同时，也大大提升了工作的准确度。但从另一方面讲，无论是"人工建表"还是"小工具的利用"，与纸质发票的报销流程相比，无疑都属于额外的工作环节，财务人员的工作量不仅没有减少反而获得了增加。虽然听上去可能有些可笑，但与目前电子发票的报销流程相比，传统纸质发票的报销反而是一种更加高效、快捷和环保的做法。

三、电子形态的报销、入账、归档

由第三章内容可知,电子发票是以信息为本质,以网络为流转通道,以版式文件作为展示形式的一种发票形态。显而易见,当人们采用打印版式文件作为凭证进行报销时,所产生的一系列问题都与电子发票"高效、环保"的核心优势背道而驰。虽然目前我国几乎所有的单位都是采取这种打印的方法来应对和处理电子发票报销,但从长远角度看,只有当电子发票以它的"本来面目"即电子形态在所有环节进行流转和使用时,才是其实现自身意义和发挥价值的唯一途径。

事实上,早在几年前的电子发票试点阶段,有关单位和部门就针对电子发票以电子形态在报销端的应用,进行过深入探索。2013年12月16日,国家发展和改革委、财政部、国家税务总局、国家档案局联合下发《关于组织开展电子发票及电子会计档案综合试点工作的通知》,其中明确指出:以中国电信集团公司、中国联合网络通信集团有限公司和中国人民财产保险股份有限公司三家为试点单位,在深入开展会计档案电子化管理试点工作的基础上,增加电子发票管理环节,依托已有的会计核算系统,完整地接收电子发票数据,实现电子发票高效便捷的归档及查询。2014年6月27日,在我国第一张电子发票诞生一周年之际,中国人民财产保险股份有限公司与京东商城正式对接,成功接收了我国首张可报销的电子发票,同时也是我国第一张完全以电子形式

图 5-13　2014 年 6 月 27 日我国首张电子发票接收发布会现场

进行报销、入账、归档的电子发票。

2015 年 12 月 11 日,在总结试点经验的基础上,财政部与国家档案局联合发布了修订版的《会计档案管理办法》,其中第八条、第九条明确规定:

满足下列条件的,单位内部形成的属于归档范围的电子会计资料可仅以电子形式保存,形成电子会计档案:

(1) 形成的电子会计资料来源真实有效,由计算机等电子设备形成和传输;

(2) 使用的会计核算系统能够准确、完整、有效接收和读取电子会计资料,能够输出符合国家标准归档格式的会计凭证、会计账簿、财务会计报表等会计资料,设定了经办、审核、审批等必要的审签程序;

(3) 使用的电子档案管理系统能够有效接收、管理、利用电子会计档案，符合电子档案的长期保管要求，并建立了电子会计档案与相关联的其他纸质会计档案的检索关系；

(4) 采取有效措施，防止电子会计档案被篡改；

(5) 建立电子会计档案备份制度，能够有效防范自然灾害、意外事故和人为破坏的影响；

(6) 形成的电子会计资料不属于具有永久保存价值或者其他重要保存价值的会计档案。

第九条 满足本办法第八条规定条件，单位从外部接收的电子会计资料附有符合《中华人民共和国电子签名法》规定的电子签名的，可仅以电子形式归档保存，形成电子会计档案。

至此，电子发票以电子形态在所有环节的流转和应用不仅具备了现实中"活生生"的案例，更因此获得了较为坚实的政策依据和保障。

值得说明的是，随着近些年计算机技术的飞速发展和普及，我国企业的信息化水平也得到了大幅度提高。以财务的报销流程为例，从电子报销单的在线填写、提交和审核到高度电算化的记账软件，很多企业早已实现了报销、记账流程的网络化与无纸化。但在实际操作中，企业最终仍需打印出相关会计凭证。究其原因，就在于传统纸质发票必须保留纸质原件，无法仅以电子形式进行归档保存。因此，从会计档案的角度出发，在满足一系列条件的前提下，允许电子会计资料可仅以电子形式保存,形成电子会计档案,对于电子发票的报销具有极为重要的制度性意义。

四、案例

在真实场景中,电子发票又是如何以电子形态完成报销端的流转和应用呢?根据国家相关政策单位编写的《会计档案管理办法讲解》一书中介绍,某试点企业采取了如下做法(见图5-14):

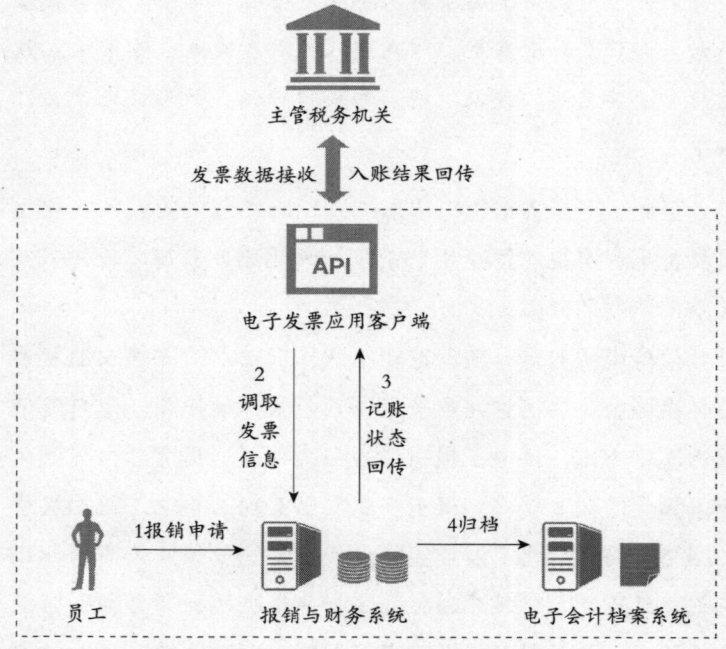

图5-14 某试点企业的电子发票报销流程

第一，企业部署经由主管税务机关认可的电子发票应用客户端，在数字证书的保障下，与主管税务机关电子发票服务器进行安全交互，获取到开具给本单位的电子发票。

第二，员工在单位报销系统中填写电子报销单，依据"电子发票号码＋代码"的查询规则调取关联发票，与报销单进行绑定，绑定后的电子发票无法同时被他人引用。

第三，单位负责人对电子报销单及所附电子发票进行审批，审批通过后流转至财务部门进行打款、记账处理，形成电子记账凭证。同时，系统将与之关联的电子发票标记为"已记账"，并将标记状态回写至电子发票应用客户端。如报销单未通过审批，关联发票与报销单自动解除绑定，可重新被他人引用。

第四，入账结束后，单位按照修订版《会计档案管理办法》的相关要求，对形成的电子会计凭证进行归档处理。其中包括使用电子档案管理系统对电子会计档案进行接收、管理和利用，并采用在线、离线、灾备等多套异质相结合的方式对电子会计档案进行存储和保管。

由于本案例发生在"84号公告"颁布之前的电子发票试点阶段，由第三章内容可知，当时的电子发票局端系统以及服务平台由各地税务机关（省级）自行建设和部署。因此，本案例中所谓的"电子发票应用客户端"其实是指当地电子发票服务平台对接企业系统的接口服务，包含电子发票数据的接收、引用、查看、入账确认和结果回传等功能。通过这种接口交互的方式，企业不仅可以自动获取到开具给本单位的电子发票，更在数据来源可信的前提下，免除了财务人员在审核凭证时对于发票真伪的查验，与传统纸质发票的报销流程相比，真正体现出电子发票节约资源、简化环节、减轻企业人员工作负担的积极意义。但同时需要指出的是，由于在本案例中试点企业采取了与属地电子发票服务平台相对接的方式，因此无法通过接口获取到外省单位开具给本企业的发票数据。对于在全国范围内流转的发票而言，这种数据的获取方式无疑具有较强的局限性和不完整性。

五、"理想"与"现实"的矛盾

既然在 2014 年我们就已经探索出这种高效、快捷的电子发票报销方式，并在一年之后获得了相关的政策依据，为什么时至今日我国几乎所有的企业仍然以打印版式文件这种费时、费力的方法来处理和应对电子发票的报销呢？

笔者认为，这是一个看似简单，实则较为复杂的综合性问题。首先，从外部环境上讲，虽然十几年来我国企业的信息化水平取得了较大发展，其中不乏一些大型企业已经走在了世界的前列，但对于广大中小微企业来说，基于规模和成本等现实因素，其信息化程度大多还维持在一个相对偏低的水平。以笔者工作过的几家企业为例，除了必要的记账软件之外，还都是以纸质凭证作为财务工作的主要依据。随着近年来电子发票的不断推广和应用，虽然越来越多的企业已经开始接收和使用电子发票，但与纸质发票的报销数量相比，仍属于九牛一毛，远不足以严重到需要企业改造系统或是改变工作流程的地步。2015年，国家税务总局颁布"84号公告"，为打印电子发票版式文件这种类似于纸质发票报销的"一贯做法"提供了明确的政策依据，使之"顺理成章"的得以延续，从而使这种暂时性的过渡性的报销做法，获得了广泛的生存空间。

从另一方面上讲，以企业的角度出发，电子会计档案系统也不是"天上掉下来的馅饼"，更不是很多人想象中简单地将电子会计资料存储至计算机硬盘的做法。它是一套包含了对电子档案及其元数据采集、分类、编目、存储、利用、移交、备份等诸多功能的软、硬件体系，需要与企业现有系统进行高度的集成。采取自行开发或是购买服务的方式，企业都要为之付出相当高昂的代价。而在实际经营中，对于大多数"无利不起早"的市场化运作单位来讲，纸质会计资料仍是财务部门进行归档的"主力军"，电子会计档案系统并不是一种刚性需求，或者说充满了诱惑力的产品；而对于广大长期工作在一线的财务人员来说，多年的工作方法、日复一日的工作习惯，更不会在一朝一夕间得以改变。即使单纯地从报销电子发票的角度出发，上文中介绍的那种防止重复报销入账的小工具，其吸引力也远远大于上线整套电子会计档案系统。因此，在缺乏相关政策进一步引导和推动的前提下，打印电子发票版式文件的报销方式无疑也是基于现实情况的一种无奈选择。

  总的来讲，虽然在技术层面上电子发票以电子形态在所有环节的流转和应用已不存在任何障碍，但鉴于其目前的推广情况、相关的政策引导以及企业参差不齐的信息化水平等一系列综合因素，才共同导致了如今的电子发票报销局面。在笔者与多位行业资深人士的探讨过程中，他们都对这种打印电子发票版式文件进行报销入账的使用方式充满了忧虑。"理想"很丰满，"现实"却很骨感，而从"现实"到"理想"的转变，也许还需要很长一段时间。

第六章　当前存在问题和对问题的思考

作为国家战略层面统一部署和推广的重点项目,电子发票自诞生之日起,就受到了来自社会各界的共同关注。从政府机关频繁的政策发布,到中央、地方媒体大量的新闻报道,再到纳税人之间的口口相传,毫无疑问,电子发票的出现是我国财税领域近年来的焦点和热点性事件。目前,就其推行情况来看,取得了一系列成绩,也存在着这样或那样的问题,整体上讲仍有较大的改进空间。

在2015年国家税务总局颁布的"84号公告"中,对于当前我国推行电子发票的目的和意义有着较为明确的描述:

推行通过增值税电子发票系统开具的增值税电子普通发票,对降低纳税人经营成本,节约社会资源,方便消费者保存使用发票,营造健康公平的税收环境有着重要作用。

而在实际操作中,通过几年时间的推广,电子发票至今在社会上仍存在着"接受度"的问题,一些老百姓不愿意要电子发票,一些企业拒绝报销电子发票。不仅相当一部分纳税人对其抱着较为排斥的消极态度,连一些本应是电子发票推广中坚力量的税务干部,同样也是持着怀疑和腹诽的心态。那么,当前电子发票推行的症结和问题究竟在哪里?

让我们以发展的眼光来看待电子发票。作为一种新生事物,在成长过程中的各个阶段会遇到不同的问题,其实是事物发展的必然规律。如果我们能以积极、正面的态度去面对问题,以事实、理性为依据去探讨问题,以全社会之力去解决这些问题的话,电子发票在未来的推广之路才会越走越宽,越走越远。在本章内容中,让我们结合几年来电子发票的实际推行情况,对其中存在的一些问题进行一个系统性的回顾与反思,希望在不久的将来,电子发票能够为每个身处于互联网时代的纳税人,真正带来高效与便利。

一、电子发票的便利性

在深入探讨这个问题之前,我们先结合前面介绍的京东和麦当劳两个电子发票开具案例,将当前纸质发票和电子发票的使用,进行一个简单的对比。

先以电商行业的典型代表京东为例,由第三章内容可知,在以往海量级的纸质发票开具和投递过程中,京东每年需要投入大量的人力、物力以满足消费者的索票需求。在使用电子发票之后,通过系统级的对接即可实现发票的自动生成与交付,不仅为企业节省了巨大的成本费用,更减少了相关的打印、分拣、仓储和物流等诸多工作环节，带来了效率的极大提升。从这个角度上讲，当初以京东为首的一批电商企业不遗余力地为电子发票奔走、呼吁和站台，无疑也是从企业经营角度出发，符合其自身利益的一种选择。

再以餐饮行业为例，一提起传统餐饮业的纸质发票索取过程，可能对于很多人来说并不是一个令人愉悦的经历。众所周知，当餐厅在客流高峰时间的运营状态达到饱和时，纸质发票的开具不仅占用了工作人员大量的时间和精力，更由于这一过程所产生的沟通和等待成本，给顾客也造成了不好的体验。相比之下，在麦当劳电子发票开具解决方案中，消费者以扫码和自助填开的方式，代替了餐厅原有的纸质发票开具过程，使发票的开具和接收不再受到时间和空间上的限制。同时，基于电子发票的自身特点，消费者也不需再为保存发票而担心，可随时根据实际情况对版式文件进行下载和打印。更为重要的是，作为开票方的餐厅，通过这种方式完全将相关的开票工作"转嫁"给了消费者，使其节省了人工，降低了成本，能够更加专注于自身的运营。

通过以上两个案例，我们不难看出当前电子发票在使用过程中为开票方所带来的一系列便利。在我国电子发票的推广过程中，一批企业之所以愿意为电子发票买单，甚至为上线电子发票开具系统付出一笔不菲的费用，究其原因，电子发票确实为它们带来了实实在在的利益。尤其对于目前普遍借助于互联网进行产品销售的纳税人来讲，电子发票本身就与电子商务具有极高的契合度，与传统纸质发票相比，其开具和投递过程都为开票单位带来了相当程度的便利，真正实现了"降低纳税人经营成本"的推行初衷。

站在广大消费者的角度上看，目前对电子发票的评价却出现了"两极分化"的态势。对于相当一部分在互联网环境中成长起来的年轻人，电子发票迅速便"俘获"了他们的认同感，尤其是其"不怕丢失"的特点，能够有效解决以往年轻人在保管纸质发票过程中所经常出现的遗失问题。而对于年龄偏大的消费人群，尤其是那些不熟悉电子设备或是不方便使用打印机的消费者，则大多表示相较于"看得见、摸得着""立等可取"的纸质发票而言，电子发票的下载给他们增加了麻烦，版式文件的打印给他们带来了负担，很多人更因此表示不希望以任何形式接收商家所开具的电子发票。在随机向身边 10 位 50 岁以上的消费者进行调研的过程中，有 7 位均表达出了类似的观点。

而作为发票接收方的报销单位，对于电子发票则更是抱怨连连。显而易见，相较于纸质发票具有唯一性的特点，当报销方接收到电子发票的报销申请时，为了解决多次打印版式文件所带来的重复性报销风险,不得不对每张发票都进行烦琐的"查重"处理。毫无疑问,当电子发票的报销达到一定数量时,必将消耗财务人员大量的时间和精力。如果说消费者的使用习惯还可以通过一系列手段得以解决的话,那么当前电子发票为报销单位所带来的使用负担,却是实实在在无法回避的。一位大型企业的财务负责人就曾不无忧虑地表示:"自从开始接收电子发票报销之后,财务人员的审核工作量得到了成倍地增加,假如这样的电子发票完全取代了纸质发票,会给企业造成多少接收发票的麻烦,会给财务人员带来多少无法承受的负担?"

由此可见,在经历了两年多的全面推广之后,电子发票至今在社会上仍存在着"接受度"的问题,相当一部分单位和个人均对其抱着较为排斥的消极态度,究其原因,电子发票虽然能为开票企业带来一定程度上的便利,但却给消费者尤其是报销单位增加了额外的使用负担,是一种不平衡、不对等的发展状态,从本质上讲是一种"成本的转嫁"。众所周知,发票的流转和使用是一套涉及多方,包含多个环节的系统性工程。因此,电子发票所带来的便利也绝不应只是针对某个环节或是某一使用方的"便利",而是能使多方共同受益,简化整个发票使用和流转环节的便利。显而易见,目前造成电子发票这种应用局面的根本原因,还是在于打印版式文件作为报销凭证的使用方式。

由此可见，报销依旧是阻碍着电子发票进一步发展的症结所在。如果说我国在全面推广电子发票的第一阶段，依靠企业作为开票方的上线热情取得了一些成绩，那么随着电子发票在各行各业进行更加深入的渗透，也必将需要发票使用链条上的更多力量共同参与到其推广和建设中来。从这一角度上讲，我国电子发票的未来发展之路，依旧任重而道远。

二、电子发票的平台建设

由第四章可知，服务平台是整个电子发票体系建设中至关重要的组成部分。显而易见，对于全国范围内流转的发票而言，其开具和接收可以是任意地区内的任意单位和个人。在纳税人成功开具电子发票之后，如何为发票的后续使用提供坚实的技术保障，使得海量级的发票数据能通过互联网获得高效的流转和应用，是当前电子发票服务平台存在的主要意义。因此，只有通过建立起一个数据完整、功能完备和具有较强流通性的集中平台或者平台体系，才能真正发挥出电子发票服务平台所应有的价值和意义。

2017年3月21日，国家税务总局下发了《关于进一步做好增值税电子普通发票推行工作的指导意见》（以下简称《指导意见》），其中第三部分对于电子发票服务平台的相关建设，提出了明确的指导性意见：

电子发票服务平台以纳税人自建为主，也可由第三方建设提供服务平台。电子发票服务平台应免费提供电子发票版式文件的生成、打印、查询和交付等基础服务。

税务总局负责统一制定电子发票服务平台的技术标准和管理制度，建设对服务平台进行监督管理的税务监管平台。电子发票服务平台必须遵循统一的技术标准和管理制度。平台建设的技术方案和管理方案应报国税机关备案。

由于《指导意见》中首次提出了"电子发票服务平台以纳税人自建为主"的说法，从而引出了电子发票自建平台的概念。所谓自建平台是指纳税人在对外开具电子发票的同时，通过自行建设统一的路径，向接收发票的单位和个人提供电子发票版式文件的生成、查询、交付等基础服务。与第三方电子发票服务平台相比，自建平台除了在平台所有权和数据存储量级上有所差异之外，在功能上并无本质性区别。虽然《指导意见》中明确指出了电子发票服务平台应以纳税人自建为主，但在实际操作中绝大多数纳税人还是基于成本等因素的考虑，选择了由第三方服务平台为其提供版式文件的生成、打印、查询和交付。而对于极少数采用自建平台的纳税人，大多也是以购买服务的方式委托服务厂商为其提供相关的平台建设。事实上，通过几年的推广和运行，目前我国已经基本形成了以第三方平台为主，自建平台为辅的电子发票服务平台发展模式。

总的来讲，当前无论对于电子发票第三方服务平台还是纳税人自建平台，税务机关都尚未颁布任何明确的建设标准和管理制度，各平台在文件信息、交互接口、网络传输安全等诸多方面均存在着较大差异。从数据完整性的角度上讲，由于现阶段电子发票服务平台之间缺乏统一的交互机制，使得各平台所存储的发票数据处于相互封闭的割裂状态，形成了一个个"数据孤岛"。当消费者接收不同开票单位开具的电子发票时，不仅需要登录多个服务平台进行版式文件的下载，更为重要的是，当企事业单位作为发票的报销方，希望以系统对接等技术手段统一获取到开具给本单位的发票数据时，面对众多的电子发票服务平台更会感觉"无从下手"，间接地为电子发票进一步的流转和应用设置了障碍。

基于这种情况，税务机关应尽快从电子发票服务平台的标准制定、体系建设和准入机制等几个方面，对当前各服务平台的运行情况进行统一和规范。以我国台湾地区为例，自2000年推行电子发票以来，经过十几年的探索，已经逐步建立起一套较为成熟的电子发票服务平台体系。在自行建设"整合服务平台"的基础上，允许企业和第三方机构设立"加值服务中心"，通过"官方＋社会"二者相结合的方式，共同向纳税人提供电子发票的开具、流转和接收服务。其实早在台湾地区推行电子发票的初期，由于标准和规范等差异,各加值服务中心之间也同样出现了数据交互的难题,成为当时电子发票进一步发展的主要障碍。基于这种情况,他们专门建立了"整合服务平台",用于整合和联通各加值服务中心的数据信息,供各加值服务中心和纳税人连接使用,从而真正构建起无障碍的电子发票传输与应用环境。

从另一个角度上讲,电子发票服务平台的相关建设也不是一个孤立存在的问题。只有通过进一步完善服务平台的标准和体系,为电子发票的数据传输建立起良好的外部环境,使其能够以信息化方式在各使用方之间顺畅的流转,会对解决电子发票的报销入账起到至关重要的推动作用。因此,在充分吸收和借鉴其他国家与地区推广电子发票的经验基础上,结合我们自身的国情,加强顶层设计,针对《指导意见》中所提到的"技术标准""管理制度"和"税务监管平台"尽快进行完善和落地,应是相关单位和部门在下一阶段电子发票推广中的主要工作。

三、电子发票的成本

目前,针对我国电子发票的收费情况,还没有明确的统一标准,当同一企业面向不同的服务平台咨询电子发票上线价格时,有时能得到颇具差异的答案。从笔者在市场一线与纳税人的交流体会来讲,抛开当前电子发票自身存在的某些机制性缺陷之外,成本或者说费用问题也是制约着电子发票进一步发展的一个主要因素。

自 2015 年年底国家税务总局发布"84 号公告"以来，各第三方电子发票服务平台围绕着三种电子发票开具模式（第四章介绍的），纷纷推出了各自的开具产品和对应的市场推广策略。以面向小微企业的单机开具模式为例，除个别第三方平台采取了免费推广的策略之外，绝大多数厂商都会向纳税人收取几百到几千元不等的上线费用。而对于大中型企业的电子发票开具需求而言，从包含接口费、运维费等一系列收费名目的平台托管开具模式到动辄几十万起步的前置服务器开具模式，毫无疑问，这部分用户成为各电子发票第三方服务平台之间所争夺的"战略要地"。以某中型电子商务企业为例，预估每年 3 万张左右的电子发票开具数量，就从不同的服务平台得到了 3 万—5 万元不等的报价，而对于一些大型集团性企业来讲，动辄几十万甚至上百万元的电子发票上线费用，更是令人瞠目结舌。详见图 6-1。

针对这种参差不齐的电子发票市场收费情况，有一种观点认为应当在允许各服务平台自行定价的基础上，充分鼓励其以市场化方式进行运作，政府不应过多干预和管理。在笔者看来，其实无论发票开具数量的多少，对于企业来讲都属于一种刚性需求。在我国颁布的《中华人民共和国发票管理办法》中，就明确规定：

序号	项目 产品名称	数量	单位	参考单价	平台托管模式 金额	备注
1	税控硬件设备					
1.1	税控核心板（税控盘）	1	个	200	¥200.00	税控专用设备，每个税号1个。
1.2	报税盘	1	个	100	¥100.00	税控专用设备，与税控核心板配套使用，每个税号一个。
	小计：				¥300.00	
2	开发与实施费					
2.1	个性化需求分析	5	人天	2,000	¥10,000.00	
2.2	基础平台	1	套	10,000	¥10,000.00	
2.3	平台对接	8	人天	2,000	¥16,000.00	
2.4	扫码开票产品开发	5	人天	2,000	¥10,000.00	
2.5	系统联调测试	8	人天	2,000	¥16,000.00	
2.6	上线实施与生产环境联调	4	人天	2,000	¥8,000.00	
2.7	试运行	4	人天	2,000	¥8,000.00	
	小计：				¥78,000.00	
3	年运行维护服务费					
3.1	电子发票平台租赁服务	3	年	15,600	¥46,800.00	
3.2	电子发票版式文件存储服务	3	年	10,000	¥30,000.00	含电子发票10万张/年，超过部分收取0.10元/张运营服务费。
3.3	税控设备维护费	3	个/年	280	¥840.00	
	小计：				¥77,640.00	
	累计：				¥155,940.00	

图6-1 某第三方电子发票服务平台报价收费表

销售商品、提供服务以及从事其他经营活动的单位和个人，对外发生经营业务收取款项，收款方应当向付款方开具发票；所有单位和从事生产、经营活动的个人在购买商品、接受服务以及从事其他经营活动支付款项，应当向收款方取得发票。

由此可见，当市场交易行为发生时，索要发票是消费者的权利，开具发票是销售方的责任，发票不仅是证明购销双方的交易凭证，更是国家监督经济活动和保障税收的重要工具。从这个角度上讲，纳税人开具发票的数量越多，也意味着要承担更大的纳税责任。因此，尽可能地为纳税人提供方便、快捷的电子发票开具服务，使其在符合国家法律法规的范围内正常开展经营活动，应是一种必要的前提保障。所以，我们不能将纳税人对于电子发票的上线需求，简单地等同于在生产经营中购买其他产品或原材料的行为，而应将其视作一种基础性保障，免费提供给广大纳税人。因此，随着电子发票的进一步推广，建议国家围绕着电子发票的收费机制，进行必要的管理和监督，在充分保障纳税人能够以低成本上线电子发票的同时，对提供相应服务的各第三方电子发票服务平台进行一定程度上的补贴，保证其最基本的生存和运营。

站在市场的角度上讲，众所周知，我国税控服务领域一直处于较为封闭的垄断状态，两家税控设备服务商以开具增值税发票所必需的"两张盘"作为抓手，长期在相关产品和服务的售卖上处于绝对主导地位。虽然国家税务总局三令五申不准任何单位以开具电子发票之名向纳税人搭售商品或收取规定之外的费用，并对相关开票接口予以了公布，但在实际操作中，这些政策的落地情况究竟如何，究竟是谁打着"向纳税人提供定制服务"的旗号，以接口费、开发费、服务费等各种明目在市场上兜售着各类价格不菲的产品和服务，我想对于很多人来说答案不言自明。同时，在我国电子发票的推广过程中，长期以来也存在着一种声音，认为目前这套运作于硬件专用设备之上的增值税电子发票开具系统，已经不能与日益发展的信息技术环境相适应，尤其是税控设备及专用服务器的使用、维护和更换，更给整个社会带来了难以承受的成本负担。因此，建议相关单位和部门基于"互联网+"的应用模式，尽快构建起一套没有设备捆绑，门槛低廉，接口开放的电子发票开具系统，真正使电子发票在实际推广中释放出其蕴含的巨大红利。

四、电子发票的办理流程

几十年来，在我国"以票控税"的增值税管理思路之下，税务机关围绕着纸质发票建立了一套较为完备的办理流程和服务体系。由上文可知，作为一种新生事物，与纸质发票相比，电子发票首先在载体上出现了变化，其次在使用和流转方式上也产生了一系列不同。因此，在实际操作中，当原有的纸质发票办理流程和管理思路与电子发票进行"生搬硬套"相结合时，难免会显得有些格格不入。

事实上，经过几年来不断的发展和探索，税务机关正在逐步加快向服务型机构转变的步伐，通过与互联网等信息技术手段相结合，推出了一系列便民办税措施，将"纳税服务"提升到了前所未有的高度。以传统纸质发票的申请和领用为例，以往纳税人需按月前往办税大厅进行纸质发票的申领，整个过程存在着路程远、耗时长和排队难等诸多问题，给纳税人带来不便的同时，也占用了税务干部大量的时间和精力。基于这一情况，以北京国税为例，于2015年率先推出了发票领用服务"票e送"。纳税人通过登录网上办税服务厅，在线提交发票领用申请，税务机关进行审核后，即可由物流单位将发票送交至用户手中，获得"足不出户"的领票体验。而 20 元左右的快递费用对于大多数纳税人来讲，与之前每月往返税局的成本相比，无疑也是一种节约，在减轻了税务机关工作压力的同时，真正实现了多方的共赢。

与纸质发票这种与时俱进的办理流程相比，电子发票却恰恰在管理上出现了滞后。目前大多数地区的税务机关还没有实现电子发票网络化的申领，而是直接套用了原有的纸质发票办理流程。纳税人首次申请开具电子发票时，不仅需要前往税务机关填写表格、提交申请，携带税控设备完成相关电子信息的写入；每月申领发票时，还需持报税盘前往税务机关进行电子号段的领取。多地、多点的往返税局给纳税人造成了不小的负担，引起了较为强烈的反弹，以至于不少纳税人都向笔者提出了这样一个疑问："为什么电子发票的办理和使用比纸质发票还麻烦？"

毫无疑问，目前这种较为滞后的管理模式也是电子发票在实际发展过程中所遇到的一个主要问题。作为互联网时代的产物，电子发票信息化、网络化的特点是其能够产生和发展的根本原因，如果说纸质发票的办理效率尚能通过互联网获得极大的提高，那么显然对于电子发票来讲也不存在任何技术上的障碍。同时，与本章所涉及的其他几个问题相比，电子发票办理流程的优化无疑也是在相对较短时间内就能够得以解决和改善的。因此，身为规则制定者的税务机关，应结合电子发票的自身特点，尽快制定出与之相适应的办理流程和管理制度，并在各地统一实行，使电子发票在申领等源头性环节就能体现出其应有的价值和意义，真正为纳税人和税务机关带来使用和管理上的双重减负。

第七章 电子发票常见问题解答

一、什么是电子发票

国家税务总局货物和劳务税司有关负责人介绍:"电子发票是现代信息社会的产物,是在购销商品、提供或者接受服务以及从事其他经营活动中,开具、收取的数据电文形式的收付款凭证。"

由此可见,电子发票并不是一种发票的名称,而是一种发票形态的统称。目前我国推行的电子发票,仅限于增值税普通发票领域,统一定名为"增值税电子普通发票"。从本质上讲,当前的电子发票是由增值税发票管理新系统所生成的数据电文,在实际使用过程中,主要以版式文件的形式在各使用方之间进行流转。电子发票在我国的推行具有重要的战略意义,尤其对于降低纳税人经营成本,节约社会资源,营造健康公平的税收环境起到了重要的创新驱动作用。相信在不久的将来,电子发票的适用范围会进一步扩大,逐渐覆盖至其他票种、税种。电子发票版式文件样例见图7-1。

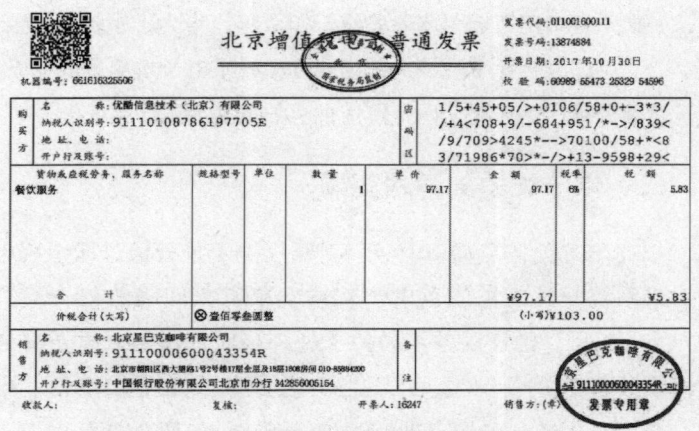

图 7-1 电子发票版式文件样例

二、电子发票在我国的发展历程

2013年6月27日,京东商城成功开具出中国大陆第一张电子发票,成为我国电子发票诞生的起点。在此之后的一段时间内,部分地区的税务机关在各地组织推行了电子发票的试点工作。2015年11月26日,国家税务总局发布第84号《关于推行通过增值税电子发票系统开具的增值税电子普通发票有关问题的公告》,其中明确指出:

税务总局在增值税发票系统升级版基础上,组织开发了增值税电子发票系统,经过前期试点,系统运行平稳,具备了全国推行的条件。

至此,电子发票在我国进入全面推广阶段。

根据国家税务总局发布的统计数据显示,截至2016年年底,全国共有9万多户纳税人开具了7亿多份增值税电子发票普通发票,一批颇有影响力的企事业单位,如京东、华为、小米、国美、顺丰、北京国家会计学院等,都已陆续上线了电子发票开具系统,电子发票的推广工作在全国范围内如火如荼地展开。

三、电子发票的适用范围

根据国家税务总局 2015 年 84 号《关于推行通过增值税电子发票系统开具的增值税电子普通发票有关问题的公告》和 2017 年 31 号《国家税务总局关于进一步做好增值税电子普通发票推行工作的指导意见》,当前电子发票主要在电商、电信、金融、快递、公用事业等发票开具量较大的纳税人中重点推行。在实际操作中,目前所有能够开具增值税普通发票的纳税人,均可前往税务机关申请开具增值税电子普通发票。

四、如何申请和开具电子发票

纳税人前往税务机关申请电子发票开具资格之前,需要先行确定电子发票服务平台的使用。根据国家税务总局在 2017 年 3 月 21 日发布的《关于进一步做好增值税电子普通发票推行工作的指导意见》文件精神,目前电子发票服务平台分为纳税人自建和第三方建设两种模式,主要为纳税人提供电子发票版式文件的生成、打印、查询和交付等基础服务,是当前开具电子发票必不可少的组成部分。

在纳税人完成电子发票服务平台的选择后,还需结合自身情况,以电子发票的开具数量等作为主要参考依据,进行开具模式的选择。目前,电子发票的开具模式主要包括:单机模式、平台托管模式和前置服务器模式。

第七章 电子发票常见问题解答 | 115

在完成了服务平台以及开具模式的选择后,纳税人即可携带相应的税控专用设备,前往办税大厅进行电子发票票种核定申请。申请通过后,税务机关将对应的电子发票核定信息传输至用户携带的税控专用设备中,从而完成整个电子发票的申请和初次领用流程。

在此基础之上,纳税人即可通过单机版税控开票软件或以接口对接的方式开具电子发票,同时由服务平台为其提供电子发票版式文件的生成、打印、查询和交付等服务。电子发票上线流程见图7-2。

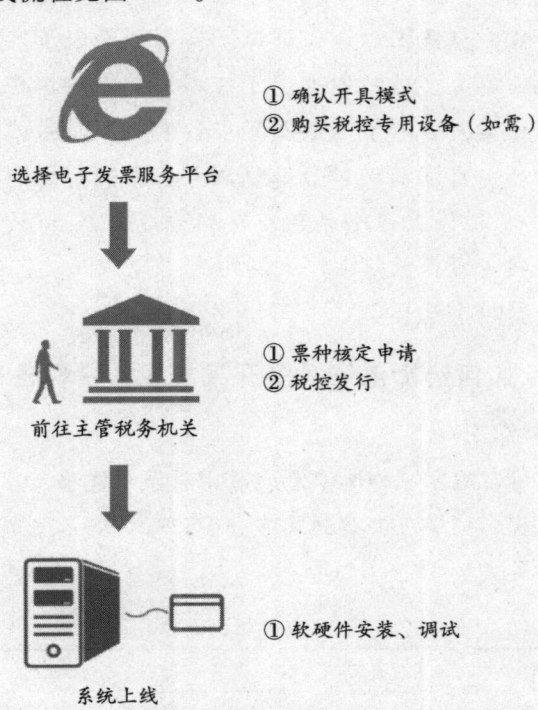

图7-2 电子发票上线流程图

五、如何选择电子发票服务平台

由于当前电子发票主要以版式文件的形式在各使用方之间进行流转,因此,在纳税人通过税控开票系统开具电子发票之后,还需将发票数据传递给电子发票服务平台,由服务平台生成版式文件,并对版式文件进行签名,保证其在流转过程中的可追溯性和不可篡改性。由此可见,电子发票服务平台不仅是连接开票方和受票方之间的桥梁,更是当前电子发票开具过程中不可缺少的组成部分。现阶段除极个别大型集团性企业选择了自行建设电子发票服务平台之外,绝大多数纳税人出于成本等因素的考虑,均选择使用了由第三方电子发票服务平台为其提供版式文件的生成、打印、查询和交付等基础服务。全国范围内主要的第三方电子发票服务平台包括:51发票、百望云、瑞宏网、用友税务服务云等,广大纳税人可在"货比三家"的基础上进行自主选择。

六、如何选择电子发票开具模式?它们各有什么优势、劣势?

我们可以根据三种电子发票适用对象、优势、劣势来选择。下文我们列举三个案例具体分析。三种电子发票开具模式比较详见表7-1。

表7-1　　　　　电子发票开具模式比较

开具模式	适用对象	优势	劣势
单机模式	开票量较小的小、微型企业	上线快、成本低	手工开票

续表

开具模式	适用对象	优势	劣势
平台模式	具有一定开票量的中型企业	自动、批量式的电子发票开具	有一定成本
前置模式	集团性企业	满足多税号、海量级的电子发票自动开具	高成本

案例 7.1：

某小型会展公司，普通发票开具数量约为 200 张/年，为解决单独邮寄纸质发票所带来的成本和不便，希望对外开具电子发票。

实现方式：纳税人基于成本因素的考虑，选择使用第三方电子发票服务平台。同时，在当前开票量不高的前提下，纳税人携带现有税控专用设备和相关证件，直接前往办税大厅完成了电子发票的申领流程。在此基础上，即可登录单机版税控开票软件进行电子发票的手工开具。

案例 7.2：

某电商企业，主要通过互联网销售平台进行相关产品的销售，普通发票开具数量约为 30 000 张/年，希望以开具和交付更为便捷的电子发票取代纸质增值税普通发票。

实现方式：纳税人先与电子发票服务平台取得联系，出于性价比的考虑，选择使用了第三方电子发票服务平台。同时，该企业基于自身开票量较高的前提条件，采用了以系统对接作为开具手段的平台托管模式，并向税控服务厂商购买了服务器版税控专用设备。纳税人携带相关证件和服务器版税控专用设备，前往办税大厅完成电子发票的申领流程，并将专用设备提交至服务平台，在与服务平台完成接口联调和测试后，即可以去人工化的方式，实现电子发票的全自动开具。

案例7.3：

某大型保险公司，具有发票开具量大，分支机构众多的特点，希望通过电子发票的使用，与现有的电子保单系统进行有效结合，以信息化方式提高运营效率，提升用户体验。

实现方式：纳税人出于自身信息化程度以及软件开发能力的考虑，选择了自行建设电子发票服务平台，并直接向服务厂商购买了税控开票服务器和对应的服务器版税控专用设备，配置于企业端，作为开具电子发票的硬件基础。在此基础上，纳税人携带专用设备和相关证件，前往办税大厅办理电子发票申领流程。在完成了电子服务平台的开发建设和开票系统的软件部署后，即可实现自身海量级电子发票的自动开具。

七、纳税人可以同时申请和使用纸质增值税普通发票和增值税电子普通发票吗

可以，目前两者属于并行状态。当纳税人需要开具增值税普通发票时，可根据受票方的索票需求，选择开具纸质增值税普通发票或增值税电子普通发票。

八、纳税人是否要为开具电子发票而支付额外的费用

在国家税务总局 2017 年 3 月 21 日发布的《关于进一步做好增值税电子普通发票推行工作的指导意见》中,就明确指出:

电子发票服务平台应免费提供电子发票版式文件的生成、打印、查询和交付等基础服务。

但事实上,目前多数第三方电子发票服务平台在没有其他收入来源保障的前提下,都会以电子发票开具数量等作为主要依据,向通过服务平台对外开具电子发票的纳税人收取一定费用。以面向小微企业的单机版开具为例,通常需要纳税人支付几百元到千元不等的费用,而对于面向大、中型企业的服务器版税控开票系统,则通常需要几万元甚至是几十万元。

九、在开具电子发票之后,如出现销货退回、销售折让、开票有误等情况,应如何处理

根据《中华人民共和国发票管理办法实施细则》第二十七条规定:

开具发票后,如发生销货退回需开红字发票的,必须收回原发票并注明"作废"字样或取得对方有效证明。开具发票后,如发生销售折让的,必须在收回原发票并注明"作

废"字样后重新开具销售发票或取得对方有效证明后开具红字发票。

显而易见，与税务机关监制的纸质增值税发票有所不同的是，电子发票的流转和使用并不完全依赖于纸质载体的存在。因此，纸质发票的作废机制并不适用于电子发票。在开具增值税电子普通发票之后，如出现销货退回、销售折让、开票有误等情况，开票单位一律对原有的增值税电子普通发票进行全额冲红处理。

十、开具电子发票之后，需要进行抄、报税吗

所有开具增值税电子普通发票的纳税人，在征期结束前应及时向主管国税机关抄、报税，并按规定办理相关的纳税申报。

十一、如何将电子发票推送给接收发票的单位或个人

目前各电子发票服务平台结合纳税人实际开具电子发票的场景，普遍采用了短信、邮件、微信等方式将电子发票版式文件推送给接收发票的单位或个人。

十二、如何验证电子发票的真伪

2016年12月23日，国家税务总局发布了87号《关于启用增值税发票查验平台的公告》，其中明确指出：

取得增值税发票的单位和个人可登录全国增值税发票查验平台（https://inv-veri.chinatax.gov.cn），对增值税发票管理新系统开具的增值税专用发票、增值税普通发票、机动车销售统一发票和增值税电子普通发票的发票信息进行查验。单位和个人通过网页浏览器首次登录平台时，应下载安装根证书文件，查看平台提供的发票查验操作说明。

因此，凡是取得新系统所开具的电子发票的单位和个人，均可登陆最具公信力的全国增值税发票查验平台对发票的真伪进行查询、验真。图7-3为全国增值税发票查验平台页面。

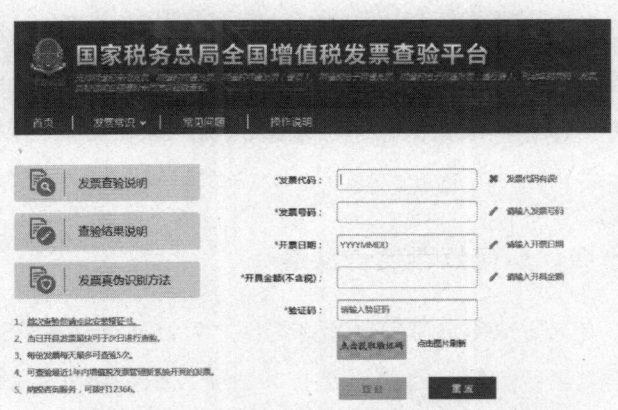

图7-3 全国增值税发票查验平台页面

十三、电子发票能否报销，如何报销

根据国家税务总局2015年84号《关于推行通过增值税

电子发票系统开具的增值税电子普通发票有关问题的公告》内容：

增值税电子普通发票的开票方和受票方需要纸质发票的，可以自行打印增值税电子普通发票的版式文件，其法律效力、基本用途、基本使用规定等与税务机关监制的增值税普通发票相同。

因此，在纳税人需要报销增值税电子普通发票时，将发票的版式文件进行打印后，即可作为报销凭证使用。目前我国绝大多数的企事业单位，均是采取这种方式来处理和应对电子发票的报销。

同时，对于信息化程度较高的纳税人来讲，也可在符合2015年12月由财政部和国家档案局联合发布的79号《会计档案管理办法》中相关规定的前提下，仅以电子形式对电子发票进行报销、入账和归档。

十四、如何打印电子发票

在受票方取得电子发票版式文件之后，即可采用普通打印机对其进行打印。目前对于打印电子发票的纸张、颜色、规格等均没有任何要求，在保证版式文件打印效果清晰、完整的前提下，即与税务机关监制的纸质增值税普通发票具有相同的使用效力。

十五、如何避免电子发票的重复性报销

对于打印电子发票版式文件作为报销凭证的使用方式，存在着重复报销的潜在风险。为了解决这一问题，目前大部分单位均采用了"人工建表"或是利用相关软件工具来杜绝此类现象的发生。在本书第五章"电子发票的报销"中，对于现阶段报销电子发票的几种处理方式有着较为详细的说明。

十六、报销单位拒绝报销电子发票怎么办

无论是2015年国家税务总局发布的84号《关于推行通过增值税电子发票系统开具的增值税电子普通发票有关问题的公告》，还是同年由财政部、国家档案局联合发布的79号《会计档案管理办法》，对于电子发票作为报销凭证的使用，都提供了明确的政策依据。因此，在符合相关使用规定的前提下，如有单位出现拒绝报销电子发票的现象，均属于与国家政策相违背的单位内部行为。

附 录

附录一：

《关于开展增值税发票系统升级版电子发票试运行工作有关问题的通知》

税总函〔2015〕373号

北京市、上海市、浙江省、深圳市国家税务局：

　　为进一步适应经济社会发展和税收现代化建设需要，税务总局开发了增值税发票系统升级版电子发票系统，同时研究制定了与各地已推行的电子发票系统衔接改造方案，决定自2015年8月1日起在北京、上海、浙江和深圳开展增值税发票系统升级版电子发票试运行工作，现将有关问题通知如下：

　　一、试运行有关内容

　　（一）本通知所称增值税发票系统升级版电子发票，是指通过增值税发票系统升级版开具的电子增值税普通发票，票样见附件1。

　　（二）试点地区已使用电子发票的增值税纳税人（以下

称试点纳税人),应于 2015 年 8 月 1 日前完成相关系统衔接改造,8 月 1 日起应使用增值税发票系统升级版开具电子发票,其他开具电子发票的系统同时停止使用。

(三)电子增值税普通发票的发票代码为 12 位,发票号码为 8 位。试点地区省国税局可确定本地区电子增值税普通发票的发票代码、发票号码编码规则,并报税务总局备案。

二、试运行工作要求

(一)试运行工作意义重大,试点地区国税机关要高度重视,精心组织,积极稳妥地制定符合本地区实际情况的试运行方案。

(二)试点地区国税机关要做好试点纳税人的宣传辅导工作,督促试点纳税人按时完成相关系统的衔接改造等工作。

(三)试点地区国税机关要加强部门协作配合,形成工作合力。增值税管理部门负责试运行的组织实施,技术管理部门负责升级版与电子发票系统的对接(技术方案见附件 2)以及技术支持保障等工作。

(四)试点地区国税机关应于 7 月 20 日前完成税务端系统升级工作,密切监控系统试运行情况,发现问题及时处理并上报税务总局(货物和劳务税司、电子税务管理中心)。

(五)试点地区国税机关应于 8 月 20 日前将试运行工作总结上报税务总局(货物和劳务税司、电子税务管理中心)。

(六)试运行工作结束后,税务总局将尽快启动全国增值税发票系统升级版电子发票推行工作。

附件：1. 北京电子增值税普通发票票样

2. 增值税发票系统升级版与电子发票对接技术方案

国家税务总局

2015 年 7 月 9 日

附件 1：北京电子增值税普通发票票样

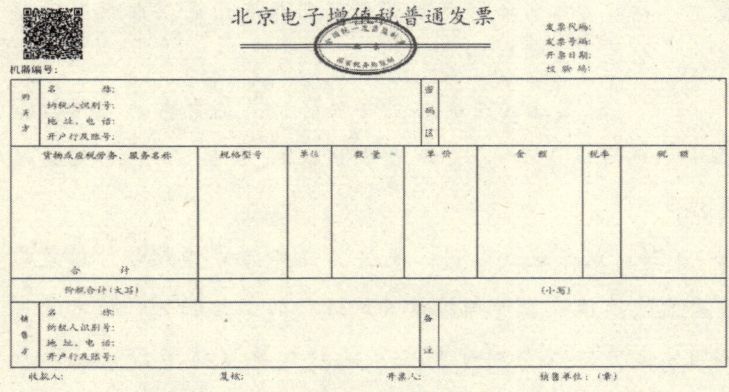

附件 2：增值税发票系统升级版与电子发票对接技术方案

为做好增值税发票系统升级版与电子发票对接工作，制定如下对接技术方案。

一、设计原则

升级版与电子发票对接坚持以下四条原则：

（一）统一纳税人端税控开票功能，确保增值税发票系统升级版在纳税人端的一致性。

（二）不改变现有电子发票服务平台和纳税人（主要是电商企业）端 ERP 系统的格局和使用，仅对发票开具部分做接口对接。

（三）充分考虑电商企业的特殊性，保证其短期大量开票的性能要求，也要解决大量电子发票进入税务端后台的性能压力问题。

（四）公布相关技术接口规范，要求税控单位不得以升级版与电子发票系统接口调试名义向企业收费。

二、技术实现方案

（一）对接示意图

增值税发票系统升级版与电子发票对接逻辑示意图如下：

（二）主要功能点

1. 纳税人登记注册。保持现有电子发票试点纳税人登记、票种核定等业务流程不变，在现有征管系统、电子发票管理系统中完成。

2. 发票赋码。电子发票的号段，始于征管系统、电子发票管理系统，通过接口方式，由升级版税控系统、统一受理平台最终赋予纳税人。

3. 电子发票元数据生成。鉴于大型电子商务平台（如：京东商城广东平台每日开票量达 30 万—40 万份），单个税控盘/金税盘（每分钟开具 20—30 份）难以满足此类开票要求，经与两家税控装置生产单位共同研究，拟使用两家单位

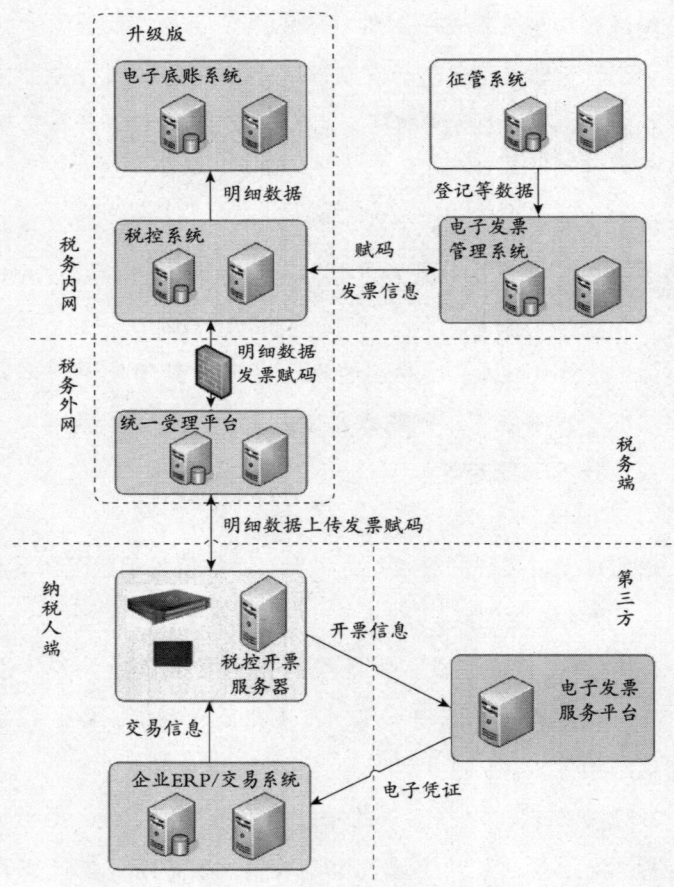

研制的税控开票服务器(即大容量、高性能的税控盘/金税盘,每分钟开具 3 000—10 000 份)来满足企业需要。票量小的电商平台直接使用税控盘/金税盘和增值税发票开票软件完成电子发票开具功能。

4. 电子发票生成。仍由第三方电子发票服务平台完成。

电子发票元数据传递给第三方电子发票服务平台,该平台按照电子发票试点现有机制和要求生成带纳税人签章的电子发票及其图像文件,并返给纳税人。

5. 电子发票明细数据进入电子底账库。电子发票明细数据通过升级版统一受理平台进入电子底账系统。

三、数据接口规范

数据接口规范包含两种。第一种适用于使用金税盘或税控盘开具电子发票的纳税人,包含发票开具接口。第二种适用于开票量大、使用税控开票服务器的纳税人,包含登记信息查询、发票库存查询、发票开具和发票查询四个接口。规范将与本方案同步对外发布。

附录二：

《关于发布增值税发票系统升级版与电子发票系统数据接口规范的公告》

国家税务总局公告 2015 年第 53 号

根据增值税发票系统升级版推进需要，税务总局决定对增值税发票系统升级版与电子发票系统实现对接。现发布数据接口规范，并将有关事项公告如下：

一、本次发布的接口规范分两种：第一种适用于使用金税盘或税控盘开具电子发票的纳税人，包含发票开具接口。第二种适用于开票量大、使用税控开票服务器的纳税人，包含登记信息查询、发票库存查询、发票开具和发票查询四个接口。

税控开票服务器是指大容量、高性能的税控装置。

二、为配合本次数据接口规范发布，使用金税盘或税控盘对接的纳税人，应将税控发票开票软件（金税盘版或税控盘版）统一升级为 V2.0.04。使用税控开票服务器对接的纳税人，应依据本规范完成企业相关业务系统的升级改造。已建有电子发票服务平台的地区，应依据本规范完成电子发票服务平台系统升级改造。

三、本数据接口规范在金税工程纳税人技术服务网（http://its.chinatax.gov.cn）上发布，纳税人或电子发票服务平台系统开发商可自行下载免费使用。在使用本数据接口规范和安装升级版开票软件过程中,如有问题,请联系当地税控技术服务单位提供技术支持,也可通过电子邮件(邮箱:shuikong@chinatax.gov.cn)向税务总局反映。

四、本公告自 2015 年 9 月 1 日起施行。

特此公告。

国家税务总局

2015 年 7 月 20 日

附录三：

《关于推行通过增值税电子发票系统开具的增值税电子普通发票有关问题的公告》

国家税务总局公告 2015 年第 84 号

为进一步适应经济社会发展和税收现代化建设需要，税务总局在增值税发票系统升级版基础上，组织开发了增值税电子发票系统，经过前期试点，系统运行平稳，具备了全国推行的条件。为了满足纳税人开具增值税电子普通发票的需求，现将有关问题公告如下：

一、推行通过增值税电子发票系统开具的增值税电子普通发票，对降低纳税人经营成本，节约社会资源，方便消费者保存使用发票，营造健康公平的税收环境有着重要作用。

二、通过增值税电子发票系统开具的增值税电子普通发票票样见附件 1。

三、增值税电子普通发票的开票方和受票方需要纸质发票的，可以自行打印增值税电子普通发票的版式文件，其法律效力、基本用途、基本使用规定等与税务机关监制的增值税普通发票相同。

四、增值税电子普通发票的发票代码为 12 位，编码规则：

第1位为0，第2—5位代表省、自治区、直辖市和计划单列市，第6—7位代表年度，第8—10位代表批次，第11—12位代表票种（11代表增值税电子普通发票）。发票号码为8位，按年度、分批次编制。

五、除北京市、上海市、浙江省、深圳市外，其他地区已使用电子发票的增值税纳税人，应于2015年12月31日前完成相关系统对接技术改造，2016年1月1日起使用增值税电子发票系统开具增值税电子普通发票，其他开具电子发票的系统同时停止使用。有关系统技术方案见附件2。

六、各地税务机关要做好纳税人的宣传组织工作，重点做好开票量较大的行业如电商、电信、快递、公用事业等行业增值税电子发票推行工作。

七、本公告自2015年12月1日起施行。

特此公告。

附件：1. ××增值税电子普通发票（票样）
   2. 增值税电子发票系统技术方案

国家税务总局

2015年11月26日

附件1：××增值税电子普通发票（票样）

附件2：增值税电子发票系统技术方案

一、方案示意图

增值税电子发票系统实现方案逻辑示意图如下：

二、方案描述

（一）信息同步。选择使用增值税电子发票的纳税人，与现有的纳税人登记、票种核定等流程一致。现有增值税电子发票试点纳税人，保持纳税人登记、票种核定等业务流程不变，税务后台征管系统将票种核定信息同步至增值税电子发票系统。

（二）发票赋码。电子发票的号段，由税务后台征管系统通过接口方式同步至增值税电子发票系统，通过增值税电子发票系统最终赋予纳税人。

（三）电子发票数据生成。电商等用票量大的企业可选

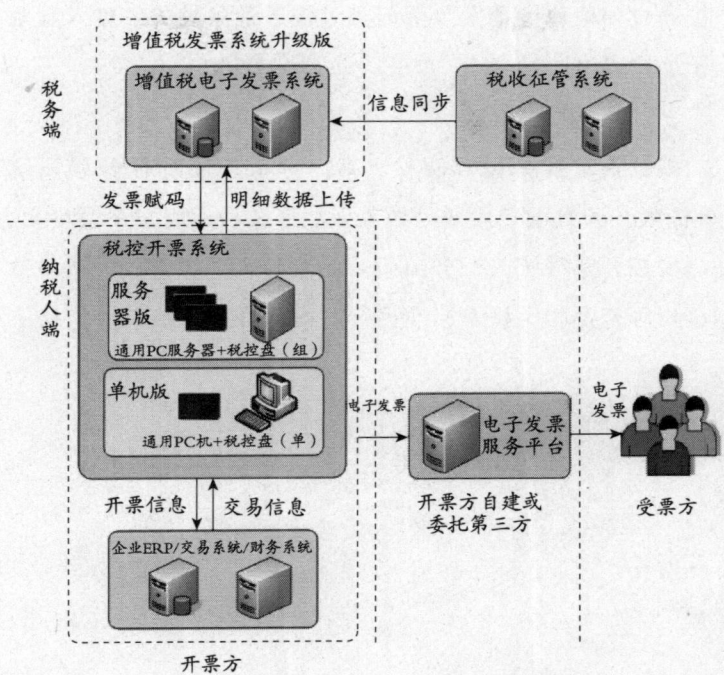

用服务器版税控开票系统以满足企业大量集中开票需求。票量小的企业可使用单机版税控开票系统完成电子发票开具及电子数据生成。

（四）电子发票版式文件生成。可在企业端直接生成，也可由第三方电子发票服务平台完成。使用第三方电子发票服务平台的纳税人，需将电子发票数据传递给第三方电子发票服务平台。

（五）电子发票明细数据传送税务机关。电子发票明细数据通过增值税电子发票系统实时传送税务机关，进入发票电子底账库。

三、数据接口规范

数据接口规范包含两种。第一种适用于税控开票系统（单机版）开具电子发票的纳税人。第二种适用于开票量大、使用税控开票系统（服务器版）的纳税人。税务总局将对数据接口规范及相关技术标准另行向社会公开发布。

附录四：

《关于进一步做好增值税电子普通发票推行工作的指导意见》

税总发〔2017〕31号

各省、自治区、直辖市和计划单列市国家税务局：

为适应经济社会发展和税收现代化建设需要，满足纳税人使用增值税电子普通发票的需求，自2015年12月1日起税务总局推行了通过增值税发票管理新系统（以下简称"新系统"）开具的增值税电子普通发票。为进一步做好增值税电子普通发票推行工作，现提出以下意见：

一、高度重视电子发票推行工作

推行通过新系统开具的增值税电子普通发票，对降低纳税人经营成本，节约社会资源，方便纳税人发票使用，营造健康公平的税收环境起到了重要作用。各地国税机关要高度重视电子发票推行工作，精心组织，扎实推进，满足纳税人开具使用电子发票的合理需求。

二、坚持问题导向，重点行业重点推行

各地国税机关要认真总结前期推行增值税电子普通发票的情况，做好分析评估工作，坚持问题导向原则，重点在电商、电信、金融、快递、公用事业等有特殊需求的纳税人中推行使用电子发票。

三、规范电子发票服务平台建设

电子发票服务平台以纳税人自建为主，也可由第三方建设提供服务平台。电子发票服务平台应免费提供电子发票版式文件的生成、打印、查询和交付等基础服务。

税务总局负责统一制定电子发票服务平台的技术标准和管理制度，建设对服务平台进行监督管理的税务监管平台。电子发票服务平台必须遵循统一的技术标准和管理制度。平台建设的技术方案和管理方案应报国税机关备案。

四、做好纳税人的宣传辅导工作

各地国税机关要利用多种渠道，切实做好纳税人的宣传辅导工作。增值税电子普通发票的开票方和受票方需要纸质发票的，可以自行打印增值税电子普通发票的版式文件，其法律效力、基本用途、基本使用规定等与税务机关监制的增值税普通发票相同。购买方向开具增值税电子普通发票的纳税人当场索取纸质普通发票的，纳税人应当免费提供电子发票版式文件打印服务。对于拒绝提供免费打印服务或者纸质发票的，主管国税务机关应当及时予以纠正。

五、规范电子发票编码规则及发票赋码流程

各地国税机关应严格按照《国家税务总局关于推行通过增值税电子发票系统开具的增值税电子普通发票有关问题的公告》（国家税务总局公告2015年第84号）规定的发票编码规则编制增值税电子普通发票的发票代码，通过金税三期核心征管系统将电子发票的号段同步至新系统，通过新系统最终赋予纳税人。

六、简化税控专用设备发行流程

各地国税机关要进一步简化税控专用设备发行流程，及时为使用电子发票的纳税人或其书面委托的单位办理税控专用设备发行，提高办税效率。

七、加强对服务单位的监督管理

各地国税机关应严格按照税务总局对纳税人税控装置安装服务提出的工作要求，加强对服务单位的监督管理，督促其提高服务水平和服务质量。税务机关及税务干部要严格执行廉政规定，不得违反纪律参与、干预、引导纳税人选择服务单位。税务机关要及时处理回应纳税人投诉，对存在问题的服务单位责令其立即纠正，并限期整改。

税控专用设备销售单位应保障税控专用设备的及时供应，不得以任何理由推诿、拖延或者拒绝使用电子发票的纳税人购买税控专用设备的要求。

八、落实主体责任，加强部门协作配合

各地国税机关要将推行工作做实做细，加强部门协作配合，形成工作合力。按照新系统推行到哪里、主体责任就要落实到哪里的原则，货物劳务税部门要落实好发票管理、系统推行中的主体责任，实行专人专岗、责任到人。征管科技、电子税务等部门要加强协作配合，共同保障推行工作平稳顺利。

国家税务总局

2017 年 3 月 21 日

附录五：

《关于做好增值税电子普通发票
推行所需税控设备管理工作的通知》

税总函〔2017〕232号

各省、自治区、直辖市和计划单列市国家税务局：

为全面落实《国家税务总局关于进一步做好增值税电子普通发票推行工作的指导意见》（税总发〔2017〕31号），进一步加强对增值税税控系统服务单位（以下简称"服务单位"）的监督管理，积极推进增值税电子普通发票所需税控设备管理工作，现将有关事宜通知如下：

一、推行增值税电子普通发票所需的税控服务器和税控盘组等设备（以下简称"其他税控设备"）的发售、S/N号录入、发行、安装、调试、技术支持等相关事项按照增值税税控专用设备的相关规定进行管理。各地税务机关应在3个工作日内为纳税人或其书面委托的电子发票服务商办理税控专用设备和其他税控设备的录入、发行等事宜，不得限定是否本省购买等附加条件，不得以任何理由推诿、拖延或拒绝。纳税人或其书面委托的电子发票服务商可以直接向服务单位总部购买税控专用设备和其他税控设备，无需经其他单位确认。服务单位不得以任何理由推诿、拖延或者拒绝向纳税人或其书面委托的电子发票服务商发售税控专用设备和其他税控设备。

二、主管国税机关应建立增值税电子普通发票税控设备监督管理工作制度,设立"增值税电子普通发票税控设备监督管理工作台账",参照《增值税税控系统安装使用告知书》《增值税税控系统技术服务协议》《增值税税控系统安装单》等文书(复印件留存备查)准确记录相关时间。通过对税控专用设备和其他税控设备申请领购时间、领购完毕时间、录入完毕时间、发行完毕时间的及时记录,进行全流程监控管理,保障纳税人及时开具增值税电子普通发票。

三、各级国税机关要加强对服务单位的监督管理,严格按照《国家税务总局关于印发〈增值税税控系统服务单位监督管理办法〉的通知》(税总发〔2015〕118号,以下简称"监管办法")的规定落实税控专用设备和其他税控设备发售的具体要求,督促服务单位在接到申请后3—5个工作日内向纳税人或其书面委托的电子发票服务商发售税控专用设备和其他税控设备。如发现未按时发售、安装、调试等问题可依据监管办法第四章"违约责任"相关条款进行处罚,视情形严重程度可暂停其服务资格1—3个月。

四、税务总局将对各省国税局服务单位监督管理工作情况进行不定期抽查,对监管不力的单位将进行通报批评。

2017年9月30日前，请各省国税局将本通知的落实情况通过FTP指定目录（FTP：/center/货物和劳务税司/税控稽核处/电子发票税控管理工作）上报税务总局（货物和劳务税司）。

国家税务总局

2017年6月21日

附录六：

《关于收费公路通行费增值税电子普通发票开具等有关事项的公告》

交通运输部公告 2017 年第 66 号

为了推进物流业降本增效、进一步提升收费公路服务水平，现将收费公路通行费增值税电子普通发票（以下简称通行费电子发票）开具等有关事项公告如下：

一、通行费电子发票编码规则

通行费电子发票的发票代码为 12 位，编码规则：第 1 位为 0，第 2—5 位代表省、自治区、直辖市和计划单列市，第 6—7 位代表年度，第 8—10 位代表批次，第 11—12 位为 12；发票号码为 8 位，按年度、分批次编制。

通行费电子发票票样见附件。

二、通行费电子发票开具流程

（一）办理 ETC 卡或用户卡。ETC 卡或用户卡是指面向社会公开发行的用于记录用户、车辆信息的 IC 卡，其中 ETC 卡具有收费公路通行费电子交费功能。客户可以携带有效身份证件及车辆行驶证前往 ETC 客户服务网点办理 ETC 卡或用户卡，具体办理要求请咨询各省（区、市）ETC 客户服务机构。

（二）发票服务平台账户注册。客户登录发票服务平台网站 www.txffp.com 或"票根"App,凭手机号码、手机验证码免费注册,并按要求设置购买方信息。客户如需变更购买方信息,应当于发生充值或通行交易前变更,确保开票信息真实准确。

(三)绑定 ETC 卡或用户卡。客户登录发票服务平台,填写 ETC 卡或用户卡办理时的预留信息(开户人名称、证件类型、证件号码、手机号码等),经校验无误后,完成 ETC 卡或用户卡绑定。

(四)发票开具。客户登录发票服务平台,选取需要开具发票的充值或消费交易记录,申请生成通行费电子发票。发票服务平台免费向用户提供通行费电子发票及明细信息下载、转发、预览、查询等服务。

三、通行费电子发票开具规定

(一)通行费电子发票分为以下两种:

1. 左上角标识"通行费"字样,且税率栏次显示适用税率或征收率的通行费电子发票(以下称征税发票)。

2. 左上角无"通行费"字样,且税率栏次显示"不征税"的通行费电子发票(以下称不征税发票)。

(二)ETC 后付费客户和用户卡客户索取发票的,通过经营性收费公路的部分,在发票服务平台取得由收费公路经营管理单位开具的征税发票;通过政府还贷性收费公路的部分,在发票服务平台取得暂由 ETC 客户服务机构开具的不征税发票。

（三）ETC 预付费客户可以自行选择在充值后索取发票或者实际发生通行费用后索取发票。

在充值后索取发票的，在发票服务平台取得由 ETC 客户服务机构全额开具的不征税发票，实际发生通行费用后，ETC 客户服务机构和收费公路经营管理单位均不再向其开具发票。

客户在充值后未索取不征税发票，在实际发生通行费用后索取发票的，通过经营性收费公路的部分，在发票服务平台取得由收费公路经营管理单位开具的征税发票；通过政府还贷性收费公路的部分，在发票服务平台取得暂由 ETC 客户服务机构开具的不征税发票。

（四）未办理 ETC 卡或用户卡的现金客户，暂按原有方式交纳通行费和索取票据。

（五）客户使用 ETC 卡或用户卡通行收费公路并交纳通行费的，可以在实际发生通行费用后第 10 个自然日（遇法定节假日顺延）起，登录发票服务平台，选择相应通行记录取得通行费电子发票；客户可以在充值后实时登录发票服务平台，选择相应充值记录取得通行费电子发票。

（六）发票服务平台应当将通行费电子发票对应的通行明细清单留存备查。

四、通行费电子发票其他规定

（一）增值税一般纳税人取得符合规定的通行费电子发票后，应当自开具之日起 360 日内登录本省（区、市）增值税发票选择确认平台,查询、选择用于申报抵扣的通行费电子发票信息。

按照有关规定不使用网络办税的特定纳税人,可以持税控设备前往主管国税机关办税服务厅,由税务机关工作人员通过增值税发票选择确认平台(税务局端)为其办理通行费电子发票选择确认。

收费公路通行费增值税进项税额抵扣政策按照国务院财税主管部门有关规定执行。

(二)增值税一般纳税人申报抵扣的通行费电子发票进项税额,在纳税申报时应当填写在《增值税纳税申报表附列资料(二)》(本期进项税额明细)中"认证相符的增值税专用发票"相关栏次中。

(三)单位和个人可以登录全国增值税发票查验平台(https://inv-veri.chinatax.gov.cn),对通行费电子发票信息进行查验。

五、平台上线和业务咨询

2017年12月25日起,发票服务平台注册及绑卡功能正式上线。2018年1月1日以后使用ETC卡或用户卡交纳的通行费,以及ETC卡充值费可以开具通行费电子发票,不再开具纸质票据。

客户可以拨打热线电话进行业务咨询与投诉。发票服务平台热线:95022;各省(区、市)ETC客户服务机构热线电话可以登录发票服务平台查询。

本公告自 2018 年 1 月 1 日起施行。

附件：收费公路通行费增值税电子普通发票票样

交通运输部　国家税务总局
2017 年 12 月 25 日

附件：收费公路通行费增值税电子普通发票票样

_	XX增值税电子普通发票	发票代码： 发票号码： 开票日期： 校验码：

机器编号：

购买方	名　　称： 纳税人识别号： 地址、电话： 开户行及账号：					密码区		
项目名称	车牌号	类型	通行日期起	通行日期止	金　额		税率	税　额
合　计								
价税合计（大写）					（小写）			
销售方	名　　称： 纳税人识别号： 地址、电话： 开户行及账号：					备注		

收款人：　　　　　　复核：　　　　　　开票人：　　　　　　销售方：（章）

附录七：
《中华人民共和国财政部国家档案局令第79号——会计档案管理办法》

《会计档案管理办法》已经财政部部务会议、国家档案局局务会议修订通过，现将修订后的《会计档案管理办法》公布，自2016年1月1日起施行。

中华人民共和国财政部部长　楼继伟
国家档案局局长　李明华
2015年12月11日

会计档案管理办法

第一条　为了加强会计档案管理，有效保护和利用会计档案，根据《中华人民共和国会计法》《中华人民共和国档案法》等有关法律和行政法规，制定本办法。

第二条　国家机关、社会团体、企业、事业单位和其他组织（以下统称单位）管理会计档案适用本办法。

第三条　本办法所称会计档案是指单位在进行会计核算等过程中接收或形成的，记录和反映单位经济业务事项的，具有保存价值的文字、图表等各种形式的会计资料，包括通过计算机等电子设备形成、传输和存储的电子会计档案。

第四条　财政部和国家档案局主管全国会计档案工作，共同制定全国统一的会计档案工作制度，对全国会计档案工作实行监督和指导。

县级以上地方人民政府财政部门和档案行政管理部门管理本行政区域内的会计档案工作，并对本行政区域内会计档案工作实行监督和指导。

第五条　单位应当加强会计档案管理工作，建立和完善会计档案的收集、整理、保管、利用和鉴定销毁等管理制度，采取可靠的安全防护技术和措施，保证会计档案的真实、完整、可用、安全。

单位的档案机构或者档案工作人员所属机构（以下统称单位档案管理机构）负责管理本单位的会计档案。单位也可以委托具备档案管理条件的机构代为管理会计档案。

第六条　下列会计资料应当进行归档：

（一）会计凭证，包括原始凭证、记账凭证；

（二）会计账簿，包括总账、明细账、日记账、固定资产卡片及其他辅助性账簿；

（三）财务会计报告，包括月度、季度、半年度、年度财务会计报告；

（四）其他会计资料，包括银行存款余额调节表、银行对账单、纳税申报表、会计档案移交清册、会计档案保管清册、会计档案销毁清册、会计档案鉴定意见书及其他具有保存价值的会计资料。

第七条　单位可以利用计算机、网络通信等信息技术手段管理会计档案。

第八条　同时满足下列条件的，单位内部形成的属于归档范围的电子会计资料可仅以电子形式保存，形成电子会计档案：

（一）形成的电子会计资料来源真实有效，由计算机等电子设备形成和传输；

（二）使用的会计核算系统能够准确、完整、有效接收和读取电子会计资料，能够输出符合国家标准归档格式的会计凭证、会计账簿、财务会计报表等会计资料，设定了经办、审核、审批等必要的审签程序；

（三）使用的电子档案管理系统能够有效接收、管理、利用电子会计档案，符合电子档案的长期保管要求，并建立了电子会计档案与相关联的其他纸质会计档案的检索关系；

（四）采取有效措施，防止电子会计档案被篡改；

（五）建立电子会计档案备份制度，能够有效防范自然灾害、意外事故和人为破坏的影响；

（六）形成的电子会计资料不属于具有永久保存价值或者其他重要保存价值的会计档案。

第九条　满足本办法第八条规定条件，单位从外部接收的电子会计资料附有符合《中华人民共和国电子签名法》规定的电子签名的，可仅以电子形式归档保存，形成电子会计档案。

第十条　单位的会计机构或会计人员所属机构（以下统

称单位会计管理机构）按照归档范围和归档要求，负责定期将应当归档的会计资料整理立卷，编制会计档案保管清册。

第十一条　当年形成的会计档案，在会计年度终了后，可由单位会计管理机构临时保管一年，再移交单位档案管理机构保管。因工作需要确需推迟移交的，应当经单位档案管理机构同意。

单位会计管理机构临时保管会计档案最长不超过三年。临时保管期间，会计档案的保管应当符合国家档案管理的有关规定，且出纳人员不得兼管会计档案。

第十二条　单位会计管理机构在办理会计档案移交时，应当编制会计档案移交清册，并按照国家档案管理的有关规定办理移交手续。

纸质会计档案移交时应当保持原卷的封装。电子会计档案移交时应当将电子会计档案及其元数据一并移交，且文件格式应当符合国家档案管理的有关规定。特殊格式的电子会计档案应当与其读取平台一并移交。

单位档案管理机构接收电子会计档案时，应当对电子会计档案的准确性、完整性、可用性、安全性进行检测，符合要求的才能接收。

第十三条　单位应当严格按照相关制度利用会计档案，在进行会计档案查阅、复制、借出时履行登记手续，严禁篡改和损坏。

单位保存的会计档案一般不得对外借出。确因工作需要且根据国家有关规定必须借出的，应当严格按照规定办理相关手续。

会计档案借用单位应当妥善保管和利用借入的会计档案，确保借入会计档案的安全完整，并在规定时间内归还。

第十四条　会计档案的保管期限分为永久、定期两类。定期保管期限一般分为10年和30年。

会计档案的保管期限，从会计年度终了后的第一天算起。

第十五条　各类会计档案的保管期限原则上应当按照本办法附表执行，本办法规定的会计档案保管期限为最低保管期限。

单位会计档案的具体名称如有同本办法附表所列档案名称不相符的，应当比照类似档案的保管期限办理。

第十六条　单位应当定期对已到保管期限的会计档案进行鉴定，并形成会计档案鉴定意见书。经鉴定，仍需继续保存的会计档案，应当重新划定保管期限；对保管期满，确无保存价值的会计档案，可以销毁。

第十七条　会计档案鉴定工作应当由单位档案管理机构牵头，组织单位会计、审计、纪检监察等机构或人员共同进行。

第十八条　经鉴定可以销毁的会计档案，应当按照以下程序销毁：

（一）单位档案管理机构编制会计档案销毁清册，列明拟销毁会计档案的名称、卷号、册数、起止年度、档案编号、应保管期限、已保管期限和销毁时间等内容。

（二）单位负责人、档案管理机构负责人、会计管理机构负责人、档案管理机构经办人、会计管理机构经办人在会计档案销毁清册上签署意见。

（三）单位档案管理机构负责组织会计档案销毁工作，并与会计管理机构共同派员监销。监销人在会计档案销毁前，应当按照会计档案销毁清册所列内容进行清点核对；在会计档案销毁后，应当在会计档案销毁清册上签名或盖章。

电子会计档案的销毁还应当符合国家有关电子档案的规定，并由单位档案管理机构、会计管理机构和信息系统管理机构共同派员监销。

第十九条 保管期满但未结清的债权债务会计凭证和涉及其他未了事项的会计凭证不得销毁，纸质会计档案应当单独抽出立卷，电子会计档案单独转存，保管到未了事项完结时为止。

单独抽出立卷或转存的会计档案，应当在会计档案鉴定意见书、会计档案销毁清册和会计档案保管清册中列明。

第二十条 单位因撤销、解散、破产或其他原因而终止的，在终止或办理注销登记手续之前形成的会计档案，按照国家档案管理的有关规定处置。

第二十一条 单位分立后原单位存续的，其会计档案应当由分立后的存续方统一保管，其他方可以查阅、复制与其业务相关的会计档案。

单位分立后原单位解散的,其会计档案应当经各方协商后由其中一方代管或按照国家档案管理的有关规定处置,各方可以查阅、复制与其业务相关的会计档案。

单位分立中未结清的会计事项所涉及的会计凭证,应当单独抽出由业务相关方保存,并按照规定办理交接手续。

单位因业务移交其他单位办理所涉及的会计档案,应当由原单位保管,承接业务单位可以查阅、复制与其业务相关的会计档案。对其中未结清的会计事项所涉及的会计凭证,应当单独抽出由承接业务单位保存,并按照规定办理交接手续。

第二十二条 单位合并后原各单位解散或者一方存续其他方解散的,原各单位的会计档案应当由合并后的单位统一保管。单位合并后原各单位仍存续的,其会计档案仍应当由原各单位保管。

第二十三条 建设单位在项目建设期间形成的会计档案,需要移交给建设项目接受单位的,应当在办理竣工财务决算后及时移交,并按照规定办理交接手续。

第二十四条 单位之间交接会计档案时,交接双方应当办理会计档案交接手续。

移交会计档案的单位,应当编制会计档案移交清册,列明应当移交的会计档案名称、卷号、册数、起止年度、档案编号、应保管期限和已保管期限等内容。

交接会计档案时，交接双方应当按照会计档案移交清册所列内容逐项交接，并由交接双方的单位有关负责人负责监督。交接完毕后，交接双方经办人和监督人应当在会计档案移交清册上签名或盖章。

电子会计档案应当与其元数据一并移交，特殊格式的电子会计档案应当与其读取平台一并移交。档案接受单位应当对保存电子会计档案的载体及其技术环境进行检验，确保所接收电子会计档案的准确、完整、可用和安全。

第二十五条　单位的会计档案及其复制件需要携带、寄运或者传输至境外的，应当按照国家有关规定执行。

第二十六条　单位委托中介机构代理记账的，应当在签订的书面委托合同中，明确会计档案的管理要求及相应责任。

第二十七条　违反本办法规定的单位和个人，由县级以上人民政府财政部门、档案行政管理部门依据《中华人民共和国会计法》《中华人民共和国档案法》等法律法规处理处罚。

第二十八条　预算、计划、制度等文件材料，应当执行文书档案管理规定，不适用本办法。

第二十九条　不具备设立档案机构或配备档案工作人员条件的单位和依法建账的个体工商户，其会计档案的收集、整理、保管、利用和鉴定销毁等参照本办法执行。

第三十条　各省、自治区、直辖市、计划单列市人民政府财政部门、档案行政管理部门，新疆生产建设兵团财务局、档案局，国务院各业务主管部门，中国人民解放军总后勤部，可以根据本办法制定具体实施办法。

第三十一条　本办法由财政部、国家档案局负责解释，自 2016 年 1 月 1 日起施行。1998 年 8 月 21 日财政部、国家档案局发布的《会计档案管理办法》（财会字〔1998〕32 号）同时废止。

附表：

1. 企业和其他组织会计档案保管期限表

2. 财政总预算、行政单位、事业单位和税收会计档案保管期限表

附表 1　　企业和其他组织会计档案保管期限表

序号	档案名称	保管期限	备注
一	会计凭证		
1	原始凭证	30 年	
2	记账凭证	30 年	
二	会计账簿		
3	总账	30 年	
4	明细账	30 年	
5	日记账	30 年	
6	固定资产卡片		固定资产报废清理后保管 5 年
7	其他辅助性账簿	30 年	
三	财务会计报告		
8	月度、季度、半年度财务会计报告	10 年	
9	年度财务会计报告	永久	

续表

序号	档案名称	保管期限	备注
四	其他会计资料		
10	银行存款余额调节表	10 年	
11	银行对账单	10 年	
12	纳税申报表	10 年	
13	会计档案移交清册	30 年	
14	会计档案保管清册	永久	
15	会计档案销毁清册	永久	
16	会计档案鉴定意见书	永久	

附表2　财政总预算、行政单位、事业单位和税收会计档案保管期限表

| 序号 | 档案名称 | 保管期限 | | | 备注 |
		财政总预算	行政单位事业单位	税收会计	
一	会计凭证				
1	国家金库编送的各种报表及缴库退库凭证	10 年		10 年	
2	各收入机关编送的报表	10 年			
3	行政单位和事业单位的各种会计凭证		30 年		包括：原始凭证、记账凭证和传票汇总表
4	财政总预算拨款凭证和其他会计凭证	30 年			包括：拨款凭证和其他会计凭证
二	会计账簿				
5	日记账		30 年	30 年	
6	总账	30 年	30 年	30 年	
7	税收日记账（总账）			30 年	
8	明细分类、分户账或登记簿	30 年	30 年	30 年	

续表

序号	档案名称	保管期限			备注
		财政总预算	行政单位事业单位	税收会计	
9	行政单位和事业单位固定资产卡片				固定资产报废清理后保管5年
三	财务会计报告				
10	政府综合财务报告	永久			下级财政、本级部门和单位报送的保管2年
11	部门财务报告		永久		所属单位报送的保管2年
12	财政总决算	永久			下级财政、本级部门和单位报送的保管2年
13	部门决算		永久		所属单位报送的保管2年
14	税收年报（决算）			永久	
15	国家金库年报（决算）	10年			
16	基本建设拨、贷款年报（决算）	10年			
17	行政单位和事业单位会计月、季度报表		10年		所属单位报送的保管2年
18	税收会计报表			10年	所属税务机关报送的保管2年
四	其他会计资料				
19	银行存款余额调节表	10年	10年		
20	银行对账单	10年	10年	10年	
21	会计档案移交清册	30年	30年	30年	
22	会计档案保管清册	永久	永久	永久	
23	会计档案销毁清册	永久	永久	永久	
24	会计档案鉴定意见书	永久	永久	永久	

注：税务机关的税务经费会计档案保管期限，按行政单位会计档案保管期限规定办理。

参考文献

[1] 高献洲. 中国发票史. 北京：中国税务出版社，2010.

[2] 李胜亮. 发票撷趣. 北京：经济科学出版社，2004.

[3] 孟宪宇. 增值税. 北京：中央广播电视大学出版社，2016.

[4] 中国人民大学财税研究所，中国人民大学财政金融政策研究中心等. 中国增值税改革：影响与展望. 北京：中国人民大学财税研究所中国人民大学出版，2016.

[5] 赵金梅，马郡. 营改增实战：增值税从入门到精通. 北京：机械工业出版社，2016.

[6] 蔡磊. 电子发票的理论与实践. 北京：中国财政经济出版社，2014.

[7] 会计档案管理办法讲解. 会计档案管理办法讲解. 北京：中国财政经济出版社，2016.